Incontri

con

Swami Paramatmananda

Volume 1

Mata Amritanandamayi Center, San Ramon
California, Stati Uniti

Incontri
con Swami Paramatmananda
Volume 1

Pubblicato da:
Mata Amritanandamayi Center
P.O. Box 613
San Ramon, CA 94583
Stati Uniti

——————————————— *Talks 1 (Italian)* ———————————————

Prima edizione a cura del MA Center: agosto 2016

In Italia: www.amma-italia.it

In India:
inform@amritapuri.org
www.amritapuri.org

Prefazione

Dal 1968 Swami Paramatmananda ha condotto una vita da rinunciante in India, dove si è trasferito all'età di diciannove anni per assorbire l'essenza spirituale di quella grande e antica cultura. Nel corso degli anni, ha avuto la fortuna di godere della compagnia di molti santi e saggi, fino al momento culminante dell'incontro con il suo Guru, Mata Amritanandamayi, nel 1979. Essendo uno dei discepoli più anziani, gli fu poi chiesto di ritornare negli Stati Uniti e prestare servizio come responsabile del primo *ashram* in occidente, il Mata Amritanandamayi Center, dove lo Swami è rimasto dal 1990 al 2001.

Molti residenti e visitatori dell'ashram hanno confidato che gli incontri settimanali con Swami Paramatmananda sono stati uno dei momenti salienti dei programmi. Nei discorsi di Swamiji, il racconto delle proprie esperienze in India s'intreccia ad una profonda comprensione delle Scrit-ture e a una vivace descrizione della vita spirituale. Con arguzia e senso dell'umorismo, Swamiji crea una sintesi tra occidente ed oriente e offre opportunità di apprendimento spirituale a persone di ogni ceto e cultura.

Originariamente disponibili soltanto su cassetta, i suoi *satsang* (discorsi spirituali) sono stati in seguito trascritti, cercando di mantenere il più possibile lo stile colloquiale. Questi volumi costituiscono un tesoro di saggezza per gli anni a venire.

Gli editori – M. A. Center

Indice

Storie di santi – 1

La settimana scorsa abbiamo parlato di sante, di donne mahatma, e in particolare di alcune sante che vissero ai tempi vedici, in tempi molto antichi, sagge delle Upanishad. Ho pensato che questa settimana potremmo parlare di alcune donne mahatma più recenti. Per recenti, intendo dire che vissero circa un migliaio di anni fa.

Non bisogna pensare che ogni *mahatma* debba essere un *sannyasi* e che non si possa diventare santi, saggi, mistici o *mahatma* senza aver rinunciato al mondo e aver indossato il *kashaya*, l'abito arancione (*gerrua*). Ci sono state moltissime persone realizzate che erano sposate, avevano figli, famiglia e lavoro. E nonostante ciò, tutto il tempo libero che trovavano lo utilizzavano per compiere *sadhana* (pratiche spirituali).

"Non puoi portarlo con te"

Conoscevo personalmente un signore che viveva a Hyderabad. Era professore di filosofia. Aveva un lavoro che si accordava bene con la vita spirituale. Lo si vedeva sempre fare *japa*. Quando non doveva tenere conferenze o non aveva impegni, se era seduto, o andava in autobus da qualche parte, o guidava la macchina, lo si vedeva sempre muovere una mano e ripetere continuamente "Ram, Ram, Ram, Ram..." Faceva *japa* ininterrottamente. In ogni momento libero, faceva *japa*. E andava a far visita, a ricevere il *darshan* di ogni santo o saggio che veniva a Hyderabad. E se loro volevano, li invitava a casa sua. Alcuni santi e sannyasi rimasero a casa sua per due o tre anni. Il resto della sua famiglia non ne era molto contento, ma a lui in realtà non importava, perché si era reso conto che doveva salvarsi, e che doveva trasformare in grazia tutto ciò che aveva a questo mondo. Oppure, un gradino più in basso, in *punyam*. *Punyam* significa merito. Sapete, niente è – oppure potremmo dire tutto è – meritorio o il contrario; o ci avvicina a Dio o ci allontana da Dio, dal Sé. Oppure, potremmo dire, ci avvicina alla felicità o getta i semi della nostra sofferenza futura. Quindi, ciò che getta i semi della sofferenza è detto *papam*. Viene liberamente tradotto come 'peccato', ma non so se sia davvero una buona traduzione, perché questa parola ha molte connotazioni che a tante persone non piacciono. *Punyam* invece significa ciò che porta la felicità.

Quindi, ci sono persone che si rendono conto che i loro averi materiali – ne serve una certa quantità per la vita materiale, ma qui parliamo di ciò che si ha in eccesso – devono essere trasformati in modo che possano portarli con sé quando è ora di andarsene. Avrete sentito l'espressione "Non puoi portarlo con te"[1]. Beh, invece puoi portarlo con te, ma prima devi convertirlo. Non puoi convertirlo dopo essere arrivato dall'altra parte. È proprio come se steste attraversando delle montagne per arrivare in uno Stato in cui non esiste il cambio della valuta estera. È qui che dovete acquisire la valuta che è valida di là. Così, quando arriverete di là andrà tutto bene, avrete un sacco di soldi. È proprio così. Le nostre azioni, la nostra ricchezza, la nostra salute, ogni nostra cosa, possiamo trasformarle adesso in *punyam*, o in grazia, ma non potremo farlo in seguito. In seguito, quando saremo dall'altra parte, quando avremo raggiunto il mondo dei più, non ci verrà data questa possibilità: "Bene, hai venticinquemila, o cinquantamila dollari in banca – avevi, adesso non li hai più – vorresti

---

[1] Si riferisce al fatto che al momento della morte ci si lascia tutto alle spalle, e si va a mani vuote.

che te li cambiassimo in modo che tu possa andare in un piano di esistenza più elevato?" Nessuno vi chiederà una cosa simile. Di conseguenza, tutto ciò che deve essere convertito, dobbiamo convertirlo adesso.

Pertanto, alcune grandi persone con famiglia – in realtà la maggior parte dei *rishi*, i saggi dei tempi antichi, avevano famiglia, e anche oggigiorno, e ce ne sono sempre stati – fecero proprio questo: si resero conto che la vita è fuggevole, che ogni momento potrebbe essere la fine, e ottennero il meglio dalla vita. Non nel senso che intende la maggior parte delle persone: si prepararono per la vita dopo questa vita.

Karekalamma e i manghi

C'era una signora di questo tipo; il suo nome era Punitavati. Era chiamata anche in un altro modo: Karekalamma. Lei è uno dei famosi santi Shaiva; sapete, nel Tamil Nadu c'è una tradizione, la tradizione dei Nayanmar, di grandi devoti del Signore Shiva. E nei templi dedicati a Shiva li vedrete – sono sessantatre, tutti *mahatma* – e vedrete che nel tempio ci sono tutte le loro immagini, non solo quelle del Signore Shiva; da un lato vedrete tutti questi *mahatma*. Essi composero molti canti ed erano tutti dei mistici. Punitavati fu una di loro. La sua storia è molto bella; dimostra benissimo come ingannano le apparenze.

Punitavati era la figlia di un mercante molto ricco in questo posto chiamato Karekal. Penso sia un luogo vicino a Pondicherry; era governato dai francesi. Crebbe e divenne una bellissima ragazza. Un mercante di un'altra città voleva che suo figlio sposasse Punitavati. Fu quindi combinato il matrimonio, si raggiunse un accordo e venne celebrata la cerimonia. La coppia era molto felice. Penso che il nome del marito fosse Paramadatta. Essi avevano una tranquilla vita matrimoniale e tutto sembrava perfettamente normale. Anche il marito era un mercante. In realtà, il padre di

Punitavati diede al genero molto denaro e lo fece entrare in affari; viveva anche lui a Karekal.

Un giorno, mentre il marito era seduto in negozio, alcuni mercanti entrarono e discussero d'affari, e poi diedero al marito di Punitavati due grossi manghi succosi. Lui diede i manghi ad un domestico che lavorava nel negozio e gli disse di portarli a casa, di darli a Punitavati, e che lui li avrebbe mangiati per pranzo una volta tornato a casa. Il servo li prese e li portò a Punitavati, che stava cucinando; aveva appena finito di cuocere il riso, ma non aveva preparato nient'altro.

Proprio in quel momento arrivò un *sadhu*, un devoto di Shiva. Stava in piedi vicino alla porta, ripetendo: "Bhiksham dehi ca Parvati, Parvati Devi, Madre Divina, per favore dammi *bhiksha*, dammi qualcosa da mangiare." Chiedeva l'elemosina, quindi Punitavati uscì fuori. Lei era una devota di Shiva, giusto? Amava Shiva. Fin dall'infan-zia faceva la *puja* a Shiva, proprio come abbiamo fatto noi ieri sera. Quindi uscì di corsa, dicendo: "Oh, Swamiji, vi prego, entrate, entrate, entrate. Sedetevi." Gli offrì il riso. Ma non c'era altro, nemmeno una salsina piccante. Non aveva cucinato nient'altro. Se la nostra cuoca Kamala fosse stata lì, ci sarebbe stato cibo in abbondanza *(risata)*. Ma Kamala non era in circolazione a quei tempi, e Punitavati aveva pronto solo il riso. Si ricordò dei manghi e pensò: "Gli darò un mango come contorno e magari un po' di yogurt per mischiare il tutto; sarà delizioso." Prese uno dei manghi e lo diede al *sadhu*. Lui mangiò tutto e fu molto felice; la benedì e se ne andò.

Dopo un po', intorno a mezzogiorno, arrivò il marito, fece il bagno e si sedette per pranzare. Lei gli servì il riso e tutte le altre cose che aveva preparato. Poi lui disse: "E il mango? Ti ho mandato dei manghi, vero?" Lei disse di sì e gli portò il mango che restava e lo mise sulla sua foglia. La gente nelle zone rurali dell'India mangia su foglie di banana. Lui lo mangiò e disse:

"Oh, è davvero squisito. Portami l'altro." Lei si sentì a disagio e non disse niente. In quel momento avrebbe potuto dire qualcosa. Avrebbe potuto dire: "L'ho dato ad un *sadhu*." Ma per qualche ragione esitò; voleva far contento il marito. Quindi si recò nel ripostiglio e incominciò a piangere: "Shiva, Shiva, come posso fare? Vuole il mango, ma il mango non c'è. Avrei potuto dirglielo, ma non glielo ho detto. Cosa posso dire a questo punto?" Sollevò le mani e pianse. "Oh, Dio, ti prego, salvami!" E all'improvviso nelle sue mani si materializzò un mango. Lei non fu troppo stupita – beh, probabilmente un po' – ma fu estremamente grata. Prese il mango, uscì e lo diede al marito. Lui lo mangiò e disse: "Oh, questo mango è dieci volte più dolce del primo. Dove l'hai preso? È lo stesso mango che ti ho mandato io? Come faccio ad averti mandato due manghi così diversi? Non ci posso credere."

A quel punto lei pensò che fosse meglio raccontare la verità. Quindi disse: "È venuto un *sadhu*, e gli ho dato il primo mango. Quando tu hai chiesto l'altro mango, ho pregato il Signore Shiva. È stato Lui a darmi il secondo mango." E il marito disse: "Ah, senz'altro. Se è stato Lui a darti il secondo mango, puoi fartene dare un altro, un terzo?" Lei disse: "Non so. Pregherò Dio." Si spostò di lato, si mise in un angolo e pianse. "Oh, Shiva, ti prego, salvami da questa situazione!" Le apparve allora tra le mani un altro mango. La donna si girò, con il mango tra le mani, e lo offrì al marito. Lui lo prese in mano e il mango scomparve non appena lo toccò. A quel punto lui non fu soltanto sconcertato, ma anche spaventato, perché si rese conto che sua moglie non era una signora comune. Le chiese: "Sei una dea?"; ma lei non rispose, non sapeva cosa dire. A quel punto lui decise che sua moglie era una dea, non una signora come le altre, e che lui aveva paura di vivere con lei come marito e moglie. Essendo un mercante, era solito recarsi di qua e di là, attraversando mari in nave – e non appena partì, con la prima nave, decise che non sarebbe più tornato a

Karekal. Viaggiò per diverso tempo, fece molti soldi, e quando ritornò in India si stabilì a Madurai, che è piuttosto distante da Karekal. Si risposò ed ebbe una figlia, a cui diede il nome della prima moglie, Punitavati.

Nel frattempo, Punitavati aspettava che il marito facesse ritorno a casa, ma lui non ritornò mai. E dopo qualche anno, forse cinque o sei, alcuni suoi parenti si recarono a Madurai, videro il marito e lo dissero a Punitavati: "Abbiamo visto tuo marito a Madurai." Essi decisero di mandare Punitavati a Madurai; presero a noleggio un palanchino e la mandarono a Madurai con dei parenti. Andarono ad avvertire il marito, che arrivò con la seconda moglie e la figlia. Non appena Punitavati scese dal palanchino, che cosa fece il marito? Si avvicinò e si prosternò, lungo e disteso, ai piedi di lei. A Punitavati la cosa non piacque un granché perché, nel frattempo, lei si era già inchinata di fronte a lui. Lei si imbarazzò, si spostò e disse: "Che cos'è questa storia?" E allora lui raccontò tutta la faccenda ai parenti: "Questa donna non è una signora comune, è una dea, e per sua grazia mi sono risposato e ho avuto una bambina, e la venero nella mia casa come la dea Punitavati...", eccetera, eccetera. Lei fu così sconvolta che pregò intensamente il Signore Shiva: "Signore Shiva, conservavo la mia bellezza per mio marito, e adesso lui non mi vuole più. Fa' che ci sia solo Tu nella mia vita. Porta via la mia bellezza."

Immediatamente diventò tutta raggrinzita e pelle e os-sa, quasi come un fantasma. Si dice che somigliasse ad un fantasma. Assunse un aspetto molto strano, quasi fosse un mostro, uno spirito; tutti si allontanarono in fretta da lei. Lei ne fu molto felice, perché questo fu l'inizio della sua completa rinuncia. Era la volontà di Dio, non la sua volontà. Si diresse quindi a piedi fino al Monte Kailash, sull'Himalaya. Le ci volle molto tempo per arrivarci. Lì ricevette il *darshan* di Shiva; ebbe una visione mistica di Shiva. E Lui le chiese: "Che cosa vuoi? Esprimi un desiderio."

Vi racconterò quello che disse, perché è molto bello. Punitavati chiese quattro cose. Una di queste era: "Voglio ininterrotta
bhakti. Voglio devozione competa, permanente e continua per
Te. Poiché penso a così tante cose, la mia mente vaga da una
all'altra – voglio che scorra soltanto verso di Te. Come il Gange
scorre verso l'oceano, così voglio che la mia mente scorra verso
di Te, senza interruzione." Lui rispose: "Va bene, te lo concedo.
Cos'altro vuoi?" Lei aggiunse: "Non voglio più rinascere. Non c'è
niente che io desideri a questo mondo. Voglio soltanto rimanere
ai Tuoi Piedi. Ma se devo rinascere, se ho ancora del *prarabdha
karma,* se mi rimane ancora del *karma*, allora fa' che io sia sempre consapevole che Tu esisti; non farmi addormentare nella Tua
maya, tanto da non sapere più che Tu esisti e pensare che soltanto
questo mondo sia reale e abbia valore. Se devo rinascere, fa' che
io abbia la consapevolezza di Dio." Ed infine pregò di essere in
grado di vedere continuamente la danza cosmica di Shiva. Ciò
potrebbe voler dire due cose diverse. Avrete visto l'imma-gine
di Shiva nella forma di Nataraja, il re della danza. Penso che ne
stessimo parlando ieri sera – ma forse non siamo arrivati fino a
quel punto.

Una delle sue forme è Shiva che danza – c'è fuoco tutt'intorno,
e Lui sta danzando: questo rappresenta la danza dell'universo.
Sapete, ogni singola cosa nell'uni-verso è in movimento. Non c'è
niente di immobile; ogni atomo si muove. Se è immobile, non è
più l'universo; è l'assoluto *Brahman*. Quindi Shakti, la Natura,
Madre Natura, è tutta una danza continua. Entra in esistenza danzando ed esce danzando. Quando le vibrazioni si interrompono, è
la fine della creazione. Allora si verifica ciò che è definito *pralaya*,
la dissoluzione dell'universo. E poi la danza riprende.

Questa è una delle interpretazioni del desiderio di Punitavati
di vedere la danza cosmica di Dio. In altre parole, voleva percepire
l'universo intero come la forma di Dio. L'altra interpretazione è

che lei volesse in realtà vedere la forma di Nataraja, il Signore Shiva che danza nell'*akasha*, nello spazio. E allora Shiva disse: "Sì, avrai quella visione; otterrai tutto ciò che hai chiesto." Poi Lui le disse di ritornare in Tamil Nadu e stabilirsi in un luogo a circa cinquanta, sessanta chilometri da Madras, credo verso ovest. Lì c'è un tempio, un tempio dedicato a Shiva: lei trascorse lì il resto della sua vita, in meditazione e in estasi. Questa era Karekalamma, una famosa santa. Compose circa centotrenta canti che descrivono tutte le sue esperienze, la sua visione di Dio e l'unione mistica con Lui. Questi canti fanno parte della letteratura dei Nayanmar, dedicata a Shiva.

Karekalamma visse circa mille anni fa. Noi conosciamo Amma, che è la più recente di questa tradizione di sante e sagge. In realtà, la maggior parte di noi considera Amma come Parashakti in persona.

La donna che dava da mangiare a Rama bambino

Ho incontrato anche un'altra donna che sembrava una signora normale. Viveva a Hyderabad – nei primi dieci anni della mia permanenza in India, ho passato molto tempo a Hyderabad. Questa signora, una vedova, era solita trascorrere tutto il suo tempo a compiere *puja*, a studiare il *Bhagavatam* e le Scritture, e a fare *japa*. Penso che recitasse circa centomila *mantra*; ripeteva il nome di Dio centomila volte al giorno. Si alzava intorno alle tre del mattino e incominciava subito a fare *japa*, seduta immobile come una statua, fino alle nove o alle dieci di mattina. In questo modo, come potete immaginare, fece grandi progressi, ed incominciò ad avere delle visioni divine. Io la incontrai a Tiruvannamalai, e diventammo buoni amici. Era un'anziana vedova brahmina, molto ortodossa, e per qualche ragione si affezionò molto a me. Mi considerava come suo figlio. Era solita venire a cucinare per me; non so spiegare, ma il nostro era proprio un bel rapporto. In quel periodo riuscivo a parlare la sua lingua, il telegu, ma adesso l'ho completamente dimenticata. Mi esprimevo molto semplicemente e anche lei mi parlava in modo molto semplice, raccontandomi le sue esperienze. A volte, quando parliamo con persone cosiddette spirituali, esse incominciano a raccontarci tutte le loro esperienze, che appaiono incredibili; sembra che ci sia qualcosa che non va, come se stiano cercando di fare impressione su di noi. Molte persone parlano in questo modo. Ma se parlate con una persona innocente e genuina, non avete per niente la stessa impressione, e vi rendete conto che è come un bambino. Le persone veramente spirituali sono come bambini.

Questa signora era proprio come una bambina; dopo esserci conosciuti un po', incominciò a raccontarmi quello che le era successo. Era rimasta molto turbata, perché era una devota di Ramana Maharshi e amava molto praticare l'*atma vichara*, l'indagine sul Sé. Ma ogni volta che chiudeva gli occhi per cercare di concentrarsi sul concetto di 'io' e cercare di vedere l'*Atman*, appariva questo bambino, un piccolo Rama di tre anni, di un tenue colore grigio-blu. Arrivava, le saliva in grembo e incominciava a tirarle i vestiti e a dire: "Voglio del *payasam* (budino di riso)! Voglio dei *vadai* (snack fritti salati). Voglio delle *dosa* (frittelle di riso). Voglio qualcosa da mangiare!" E lei lo vedeva, sentiva che le tirava i vestiti, lo sentiva strillare, ma quando apriva gli occhi lui scompariva. Non appena chiudeva di nuovo gli occhi, lo vedeva di nuovo, lo sentiva tirare e gridare, e la cosa la disturbava moltissimo. Se una cosa simile succedesse a noi, non ci disturberebbe affatto. Ne saremmo felicissimi – per lo meno succede qualcosa, giusto? *(risata)* Ma questa è la differenza fra lei e noi, perché lei non aveva intenzione di accontentarsi di niente che non fosse la realizzazione del Sé – *atma jnana*. Non voleva nemmeno una visione di Rama, di Krishna o di nessun altro. Ad ogni modo, vedeva questo Balarama, Rama bambino. E allora si alzava e si recava in cucina. Normalmente a quell'ora non avrebbe dovuto cucinare, era troppo presto. Ma cucinava perché, se il *payasam* non era pronto, Rama non la lasciava in pace. Sapete, ci sono stati altri santi che hanno avuto la stessa esperienza. Una discepola di Ramakrishna Paramahamsa aveva lo stesso "problema", per così dire, anche se in realtà è tutt'altro che un problema.

Allora cucinava *payasam* e *vadai*, non per se stessa; in fin dei conti, lei era una semplice aspirante spirituale. Era per Rama che cucinava tutti questi piatti prelibati, perché lui non si accontentava di qualcosa di più semplice. E poi doveva dargli da mangiare con gli occhi chiusi, perché solo così riusciva a vederlo. Non poteva neanche riposare perché, non appena chiudeva gli occhi per dormire, lui si avvicinava, le si sdraiava accanto, incominciava ad accoccolarsi vicino a lei con la voglia di giocare e di ascoltare delle storie. La cosa la disturbava moltissimo ed era solita parlarne con me. Mi diceva: "Quale sarà il mio destino? Volevo realizzare il Sé, e devo giocare con Dio in continuazione. Continua a farmi cucinare, ogni mattina alle quattro. Come posso fare?" Cosa avrei potuto dirle? Era difficile, non avevo la più pallida idea, perché io non vedevo né Rama né Krishna né nessun altro. Quindi dicevo: "Abbandonati alla volontà di Dio." Cos'altro potevo dire?

Infine, un giorno venne da me e mi disse: "Sai, la notte scorsa mi è successa una cosa bellissima. Stavo meditando ed è di nuovo arrivato Rama; io ero un po', non so come dire, frustrata e non sapevo più cosa fare. Allora ho incominciato a pregare il mio Guru, e lui mi è apparso, con un pentolone da cucina." Una pentola enorme; avrete visto alcuni dei pentoloni che usano in India, quando cucinano per occasioni speciali; per pulire queste pentole bisogna entrarvi dentro, tanto sono grandi. Questa pentola era di quel tipo. "Aveva un grande bastone e stava rimescolando quello che c'era nel pentolone, non so cosa fosse. E io guardavo e mi chiedevo stupita: 'Che strano. Ma cosa sta facendo Guruji?'

Poi lui mi ha chiamata dicendomi di avvicinarmi. Io ho guardato nella pentola e lui mi ha detto: 'Questo è Mysore pak (un tipo di dolce), ma non è ancora pronto.'"

Allora lei capì di cosa stava parlando il suo Guru: che lei non era ancora pronta per l'indagine sul Sé. Il dolce rappresenta la mente dolce, evoluta, spirituale. Lui la sta mescolando, ma non è ancora pronta, non è del tutto cotta. Se non fosse stata cotta per niente, lei non sarebbe riuscita a vedere Rama o Krishna o nessun altro. Ma poiché bolliva e cuoceva, aveva quelle visioni; però non era ancora completamente cotta. E mi disse che dopo questa esperienza, le visioni di Rama bambino cessarono, e la sua mente divenne quasi del tutto immobile, come un calmo oceano, e lei era solita sedere per ore ed ore, immersa nel proprio Sé.

Questa era una signora normale; nessuno era al corrente delle sue esperienze, e probabilmente io ero l'unico a saperle. A dire il vero, voi siete i primi a cui l'abbia mai raccontato. Sono sicuro che lei non avesse mai detto niente a nessuno, perché non aveva amici. Non le importava avere amici; le interessavano solo le pratiche spirituali.

Ci devono essere tanti santi di questo tipo.

La signora che curò l'orecchio del ragazzo svizzero

C'è anche l'esempio di un'altra donna. Un giorno eravamo seduti con Amma di fronte all'ashram. C'era un ragazzo svizzero che viveva all'ashram da qualche anno e praticava molta meditazione: questa intensa meditazione gli aveva fatto surriscaldare il corpo e gli aveva causato un'infezione all'orecchio. Anche lui era seduto là fuori, ad una certa distanza da noi e da Amma. In quel momento arrivò una mendicante. In quell'area costiera, questa non è una cosa insolita. A volte i mendicanti attraversano il canale e vengono nel villaggio a mendicare cibo.

Questa donna arrivava dalla spiaggia ed entrò nella proprietà dell'ashram. Indossava dei vestiti sporchissimi, quasi a brandelli, tutti strappati; dovevano essere vecchissimi. La donna doveva essere sulla settantina, era curva ed aveva in mano un contenitore di latta che usava per raccogliere l'elemosina. Si avvicinò al ragazzo svizzero, e lui non capiva cosa stesse succedendo. Lei si piegò verso di lui come per dirgli qualcosa e gli soffiò nell'orecchio, quello con l'infezione. Senza aspettare che qualcuno le desse qualcosa, la donna si rialzò, gli sorrise e se ne andò, come se fosse venuta soltanto per quello. Amma osservò tutta la scena e poi si voltò verso di noi dicendo: "Avete visto?" Noi avevamo visto, senza però sapere cosa. Amma ci chiese: "Sapete chi era?" Noi non lo sapevamo. Amma aggiunse: "Non è mai stata qui prima d'ora." "Allora, Amma, come fai a sapere chi è?" Facciamo sempre queste domande stupide ad Amma. Non so quante persone chiedono ad Amma: "Come fai a saperlo?" Subito dopo si rendono conto di quanto sono stati stupidi a fare una domanda del genere. Amma sa, perché la sua conoscenza nasce dall'intuito, non dall'esperienza, dall'inferenza, dall'intel-letto o da cose di questo tipo. Comunque, noi chiedemmo ad Amma: "Come fai a saperlo?" Amma allora disse: "Era un'*avadhuta*, una *mahatma*, che girovaga come una mendicante. Era la prima volta che veniva qui; sapeva che il ragazzo aveva un orecchio infetto e questa è l'unica ragione della sua visita. Non è venuta per mendicare del cibo da nessuno. Non avete visto il modo in cui gli ha soffiato nell'orecchio e poi se n'è andata?" Amma disse che ci sono moltissime persone così. Anzi, disse che probabilmente a nostra insaputa ce n'è una in ogni villaggio; un *mahatma* che sembra una persona comune, ma non lo è.

"Aveva più di centocinquant'anni"

Quindi, le apparenze ingannano. Molti di voi avranno sentito parlare di Mayiamma, che viveva in Tamil Nadu fino a poco tempo fa. Penso che abbia lasciato il corpo soltanto un paio di anni fa. Ogni tanto Amma passava un po' di tempo con lei. Andavamo a farle visita una volta ogni due o tre anni. Anche lei era un'*avadhuta*. Sembrava una mendicante. Andava in giro con una borsa di juta; entrava nei ristoranti con questa borsa, tirava via il cibo dai piatti della gente, lo metteva nella borsa di juta e usciva di corsa dal ristorante. A dire il vero, quando andammo a farle visita non avevamo un posto in cui mangiare, per cui ci recammo al ristorante. Eravamo una ventina. Gayatri era seduta al tavolo e quando si alzò per andare al bagno, Mayiamma entrò di corsa nel ristorante, portò via tutto dal piatto di Gayatri e uscì.

Sapete cosa se ne faceva del cibo? Non lo mangiava mica lei. C'erano circa venticinque cani che la seguivano dappertutto. Lei dormiva sui cani, si coricava su di loro, giocava con loro e li nutriva con questo sistema, portando via del cibo dai ristoranti. Nessun proprietario dei ristoranti la fermava, perché lei aveva un enorme potere spirituale. Nessuno sapeva con esattezza la sua età. Amma dice che aveva più di centocinquant'anni. Se toccava un malato, la persona guariva. Si tuffava nell'oceano senza vestiti. Era completamente nuda, un'*avadhuta digambari* (vestita di spazio). Alcune persone le facevano indossare dei vestiti, ma a lei la cosa non piaceva. Le piaceva stare nuda. Vagava per la città in quel modo, e nessuno la disturbava. Inoltre, raccoglieva tutta l'immondizia della città, la metteva in riva all'oceano, accendeva il fuoco e rimaneva lì seduta per ore a guardarlo. Nessuno sapeva cosa stesse facendo. Amma dice che era una grande *mahatma*. Adesso ha lasciato il corpo.

Ci sono molte donne di questo tipo. Volevo raccontarvi di una delle più grandi, ma non ci sono riuscito nemmeno oggi. Penso che dovremo aspettare fino alla prossima settimana, altrimenti si farà troppo tardi persino per i *bhajan*. La settimana scorsa vi ho detto che avremmo parlato di Andal. Fu una delle più grandi. Ci sono state grandi sante, ce ne saranno alcune magari anche più grandi; tutte loro hanno fatto l'esperienza di Dio, ma il destino di Andal fu molto, molto raro. Vi dirò il perché la prossima settimana.

Namah Shivaya.

Storie di santi – 2

La settimana scorsa abbiamo visto come a volte le apparenze ingannano, specialmente nel caso di persone spirituali. Abbiamo citato l'esempio di alcune sante che sembravano persone del tutto comuni ed invece si dimostrarono niente affatto comuni. Oggi vorrei riprendere da dove avevamo lasciato la settimana scorsa.

Tulasidas voleva il darshan di Rama

Molti di voi avranno sentito parlare di Tulasidas. Egli scrisse un grande libro, il *Tulasi Ramayana*, altrimenti detto *Ramacharitamanasa*, una versione devozionale del *Ramayana* scritto da Valmiki. Tulasidas era un ardente devoto del Signore Rama e passò molti anni cercando di avere una visione di Rama ma, nonostante tutti i suoi sforzi, non riuscì ad ottenerla. Ogni giorno era solito recarsi al Gange a prendere un po' d'acqua, che usava per lavarsi dopo essere andato al gabinetto. Quando tornava indietro, di solito versava il resto dell'acqua ai piedi di un albero. Un giorno, mentre era vicino all'albero dopo aver versato l'acqua, sentì una voce che diceva: "Ti concederò un favore." Lui non riusciva a capire da dove venisse la voce. Si avvicinò all'albero e la voce ripeté: "Ti concederò un favore. Esprimi un desiderio." Allora Tulasidas chiese: "Chi è che parla?" La voce rispose: "Sono uno spirito che possiede l'albero, vivo qui dentro e ho sempre molta sete; ti sono grato per avermi dato dell'acqua ogni giorno. Quindi, sono pronto a fare qualsiasi cosa per te. Esprimi un desiderio." Allora Tulasidas disse: "Vorrei il *darshan* di Rama." Lo spirito rispose: "Questa è una cosa che non sono in grado di darti, ma conosco qualcuno che può farlo. È Hanuman." Allora Tulasidas disse: "Lo so anch'io che con la grazia di Hanuman posso ricevere il *darshan* di Rama. Ma dov'è Hanuman?" Lo spirito rispose: "Tutte le sere, quando tieni un discorso sul *Ramayana*, l'ultima persona ad andarsene alla fine della conferenza è un lebbroso in fondo alla sala: quello è Hanuman. Viene travestito in quel modo per ascoltare la storia di Rama. Va' da lui e chiedigli di concederti il *darshan* di Rama."

Quella sera, alla fine della conferenza, Tulasidas aspettò che tutti si alzassero ed uscissero; l'ultima persona ad andarsene fu un lebbroso in fondo alla sala. Tulasidas lo inseguì, cadde ai suoi piedi, li tenne stretti a sé e lo implorò: "Oh Hanumanji, Hanumanji, ti prego benedicimi, concedimi la tua grazia!" Il lebbroso rimase immobile; infine Tulasidas si alzò e il lebbroso disse: "Io non sono nessuno; perché ti comporti così?" Ma Tulasidas rispose: "No, lo so che sei Hanumanji." Continuò ad insistere e allora alla fine Hanuman chiese: "Va bene, cosa vuoi?" "Voglio il *darshan* di Rama", rispose Tulasidas. Il lebbroso disse: "Vai a Chitrakoot." Chitrakoot è la montagna dove Rama e Sita vissero per diversi anni; non è troppo lontana da Benares, dove viveva Tulasidas. La distanza è percorribile a piedi. "Vai a Chitrakoot e venera Rama lì; con la mia grazia riuscirai ad ottenere il *darshan* di Rama."

Tulasidas si recò a Chitrakoot, seguì il consiglio che gli era stato dato e ottenne la visione di Rama in una forma molto insolita. Ricevette due *darshan* di Rama. La prima volta, mentre era seduto, impegnato in una *puja* a Rama, arrivò correndo un maiale selvatico, rovesciò tutti gli articoli per la *puja* e se ne andò. Tulasidas ne fu molto infastidito: la sua *puja* era rovinata, tutto era sporco e puzzolente… In quel momento arrivò Hanuman e disse: "Allora, hai visto Rama?" "Rama? E dove? Sono qui seduto da giorni a fare una *puja* a Rama, eppure non l'ho ancora visto.

Me l'avevi promesso!" "Rama è appena passato, di corsa, sulla tua *puja*." Tulasidas allora disse: "Se ha un aspetto simile, come faccio a riconoscerlo?" Hanuman replicò: "Va bene, riceverai ancora una volta il *darshan* di Rama." Il giorno successivo, Tulasidas stava compiendo una *puja* e vennero in molti a ricevere il *prasad*. Arrivarono anche due ragazzini, uno dalla pelle chiara e l'altro dalla pelle scura. Tulasidas distribuiva il *prasad* a tutti e mise del *chandanam*, della pasta di sandalo, sulla fronte di questi due ragazzini. Quando li toccò si rese conto che si trattava di Rama e di Lakshmana, e perse i sensi in uno stato di estasi. Per due o tre giorni rimase lì sdraiato, nella beatitudine derivata dalla visione di Rama.

La morale è che chiunque potrebbe essere Hanuman. Chiunque potrebbe essere qualsiasi cosa. Non siamo in grado di capire chi sia chi, perché i *mahatma* sono Dio e non vanno in giro con dei cartelli che dicono: "Io sono il tal dei tali." Dobbiamo avere la consapevolezza o la fede che chiunque potrebbe essere un'anima divina. Alla fin fine siamo tutti divini, ma le persone che sono consce della propria divinità possono assumere qualsiasi forma.

Unniyappam Swami vide Parashakti nel grembo di Damayanti Amma

In relazione alla vita di Amma, mi vengono in mente due persone che rientrano in questa categoria di santi. Entrambi risalgono a prima della nascita di Amma. Uno di loro viveva nella zona costiera, il suo nome era Unniyappam Swami. Era uno strano personaggio; nessuno capiva chi fosse davvero, e la maggior parte della gente pensava che fosse un mendicante. Ma aveva una qualità insolita che lo distingueva da qualsiasi mendicante. Aveva capelli lunghi e aggrovigliati, legati in cima al capo; non è questa la caratteristica speciale, tanti *sadhu* portano i capelli in questo modo. Quando Unniyappam camminava lungo la costa e i bambini venivano a giocare con lui e a prenderlo in giro, sapete come sono fatti i bambini, lui si infilava una mano nei capelli e tirava fuori un *unniyappam* bello caldo e pronto da mangiare. Unniyappam è un tipo di dolce che preparano in Kerala, come quelli che abbiamo mangiato qui una sera. Noi li abbiamo cotti nel modo tradizionale *(risata)*. Lui invece li cuoceva a modo suo. Tirava fuori dai capelli degli unniyappam fumanti e li dava a tutti i bambini. È così che gli diedero il nome di "Unniyappam Swami".

Ho sentito dire che un giorno, mentre camminava lungo la costa, arrivò nel villaggio di Amma, proprio prima che Amma nascesse. In quel periodo, la madre di Amma, Damayanti, era incinta di Amma. La famiglia viveva vicino al sentiero che attraversa il villaggio e costeggia l'oceano. Non abitavano dove oggi c'è l'ashram, ma in riva al mare. Oggi tutta l'area è scomparsa, inghiottita dall'oceano. Damayanti Amma era di fronte a casa e Unniyappam Swami passò di lì. Le si avvicinò, le diede della cenere sacra (*vibhuti, bhasma*) e disse: "Parashakti è nel tuo grembo e nascerà come tua figlia." Poi se andò. In seguito nacque Amma e già durante la sua infanzia si verificarono molti eventi miracolosi. Oggi naturalmente ci sono migliaia, addirittura milioni di persone che hanno la convinzione che Amma sia proprio Parashakti. Ma guardando Unniyappam Swami non si sarebbe certo potuto immaginare che sapesse una cosa simile.

C'è un ashram sotto l'ashram attuale

Fu il padre di Amma, Sugunandan o 'Acchan', come lo chiamiamo noi, ad incontrare l'altra persona di cui vi ho parlato. Quando era ancora un ragazzo, stava giocando nel cortile di fronte a casa, nella proprietà in cui sorge oggi l'ashram, non in quella in riva al mare. Giocava con un suo amico e, mentre si stavano arrampicando su una pianta di anacardi, passò da quelle parti un *sannyasi*, un *sadhu*, che scoppiò a ridere, senza più fermarsi. Probabilmente avrete letto questo episodio nella biografia di Amma. Acchan gli chiese: "Perché ridi? Ci stai prendendo in giro?" E lui rispose: "No, rido perché mi sento pieno di beatitudine in questo posto. Questo è un luogo sacro e, sotto questa terra, ci sono tantissime tombe di santi; molti sannyasi sono stati seppelliti qui. Deve esserci stato un ashram tanto tempo fa." E poi se ne andò. Amma dice che è proprio così, che sotto l'ashram attuale c'era l'ashram di Amma della sua vita precedente. Questa è una delle ragioni per cui proviamo così tanta pace e beatitudine nell'ashram. Comunque, i motivi principali di questa pace sono che Amma ha vissuto lì tutta la vita e in quel luogo tanti *sadhak* compiono pratiche spirituali.

Non dobbiamo pensare che soltanto delle persone anziane possano essere dei *mahatma*, santi o *avadhuta*; lo possono essere anche i giovani. Per esempio Amma. Ha incominciato a manifestare i *bhava darshan* quando era ancora un'adolescente e anche se non tutti capivano, la maggior parte delle persone riconobbe che Amma era una grande anima. Avrete letto nella *Kathopanishad*, che è la mia Upanishad preferita, la storia di Nachiketas; è una storia classica di un grande santo giovane. Per coloro di voi che non conoscono la sua storia, voglio raccontarvela e anche leggere qualche passo della Kathopanishad.

Nachiketas e il Signore della Morte

A quei tempi Nachiketas era forse un adolescente, e suo padre stava compiendo una grande *puja*. Di solito, quando si esegue una *puja* importante, parte del rito consiste nel consegnare dei doni, generalmente a sacerdoti e brahmini. Il padre di Nachiketas non aveva molti soldi, quindi si procurò delle mucche da offrire in dono, mucche che però non davano latte, perché ormai non avevano più vitelli. Che cosa ce ne si può fare di una vecchia mucca senza latte? Comunque, lui offrì tutte queste vecchie mucche in dono, come se stesse facendo un gran regalo. Nachiketas aveva una solida fede nei Veda e aveva studiato le Scritture; quindi non riuscì a restarsene in disparte. Non per arroganza, ma sentì di dover dire qualcosa a suo padre, perché nell'intera faccenda c'era qualcosa che non andava. Nachiketas sapeva che se si dà qualcosa di cattivo a qualcuno, se ne riceve un frutto cattivo; se si offre qualcosa di buono, se ne ricava un buon frutto.

Quindi, per proteggere il padre, Nachiketas disse: "Padre, così non va bene. Magari potresti offrire me in dono." Il padre non disse niente, così Nachiketas chiese di nuovo: "Padre, a chi mi darai?" Il padre non rispose. Nachiketas ripeté tre o quattro volte la stessa domanda. Infine il padre si arrabbiò e rispose: "Ti darò a Yama, il Signore della Morte." Nachiketas disse: "Okay", e si diresse verso Yamaloka, la dimora della Morte. Una volta arrivato lì, si accorse che Yama, il Signore della Morte, non c'era, non era a palazzo. Allora Nachiketas rimase seduto davanti al cancello per tre giorni e tre notti; quando Yama arrivò, fu stupito di vederlo: "Povero ragazzino, è qui seduto da tre giorni!" Immediatamente lo invitò ad entrare e gli disse: "Ascolta, voglio fare qualcosa per te, visto che hai sofferto per tre giorni e tre notti, seduto davanti al cancello, senza cibo, né acqua, né altro. Sei mio ospite; esprimi tre desideri."

Quali furono i suoi desideri? Nachiketas disse: "Va bene, per prima cosa voglio che quando torno a casa mio padre non sia più arrabbiato con me." "Va bene," disse Yama, "e il secondo desiderio?" "Ho sentito dire che, a differenza della terra, in paradiso non c'è la sofferenza, né il dolore, e nemmeno la morte. Quindi vorrei sapere come fare per andare in paradiso." Allora Yama gli disse: "Bisogna fare un particolare tipo di *puja*. Se compi questa *puja*, dopo la morte andrai dritto in paradiso." Yama gli insegnò la *puja*, che era una cerimonia del fuoco, e disse: "In tuo onore, chiamerò questa *puja* la cerimonia del fuoco di Nachiketas. Qual è il tuo terzo desiderio?" Leggiamo le parole testuali di Nachiketas:

"Quando una persona muore, sorge un dubbio. Esiste ancora? Alcuni dicono che non esiste più. Voglio che tu mi insegni questa verità. È questo il mio terzo desiderio."

Nachiketas intende dire che alcune persone ritengono che la morte sia la fine di tutto: questo è ciò che pensano i materialisti. Altri credono che si continui ad esistere anche dopo la morte. Tu sei il Dio della Morte, sei Yama, quindi saprai la verità meglio di chiunque altro. Voglio sapere cosa succede dopo la morte. Esisterò ancora oppure no?

Yama disse:

"Questo dubbio ha ossessionato persino gli dèi, perché il segreto della morte è difficile da conoscere. Nachiketas, esprimi un altro desiderio, ed esimimi dal rispondere. Ti prego, non farmi questa domanda."

Nachiketas disse:

"Questo dubbio ha ossessionato persino gli dèi dell'antichità perché è una verità difficile da conoscere, come hai detto tu stesso, o Morte; non posso avere miglior insegnante di te, e non c'è desiderio che valga più di questo. Quindi, non desidero nien-t'altro. Voglio sapere cosa succede dopo la morte."

È un ragazzo molto intelligente, anzi, intelligente non è la parola esatta, vedrete voi che cos'è. Yama disse:

"Chiedimi di concederti figli e nipoti che vivano cent'anni; chiedi mandrie di bestiame, elefanti, cavalli, oro, terra. Esprimi il desiderio di vivere per tutto il tempo che vuoi o, se riesci a trovare qualcosa di più desiderabile, chiedimelo, oltre alla

ricchezza e ad una lunga vita, Nachiketas. Sii il governante di
un grande impero, e io ti darò la massima capacità di godere
dei piaceri della vita."

Che cosa sta facendo Yama? Sta cercando di corrompere Nachiketas, vero? Beh, forse è meglio dire che lo sta tentando. Ma
comunque è in un certo senso un tentativo di corruzione.

Nachiketas disse:

"Questi piaceri durano soltanto fino a domani, e consumano
il potere vitale dell'esistenza. Quant'è fuggevole la vita sulla
terra! Quindi, tieniti i cavalli e i carri, le danze e la musica.
I mortali non saranno mai felici soltanto con la ricchezza.
Come facciamo a desiderare la ricchezza quando vediamo il
tuo volto e sappiamo che non possiamo vivere quando ci sei tu?
Questo è il desiderio che voglio esprimere. Avendo conosciuto un
essere immortale come te, come posso io, soggetto alla vecchiaia
e alla morte, anche solo cercare di godere di una lunga vita
per amore dei fuggevoli piaceri dei sensi? Sciogli questo mio
dubbio, o Morte: una persona vive dopo la morte, oppure no?
Nachiketas non ha altro desiderio se non di conoscere il segreto
di questo grande mistero."

Questo è Nachiketas! Un aspirante spirituale di primo ordine,
perché non desidera nient'altro. Vuole sapere cosa succede dopo
la morte. In altre parole, esiste l'anima? Io sono l'anima, o sono
il corpo, che è sicuramente destinato a morire? Nachiketas non
può essere tentato da nient'altro.

Yama rispose:

"La gioia del Sé, dell'Atman, è eterna, mentre non lo è ciò che
sembra piacevole ai sensi. Entrambe queste cose, volte a fini
diversi, spingono l'uomo ad agire. Tutto è bene per coloro che

scelgono la gioia dell'Atman, ma mancano l'obiettivo della vita coloro che scelgono il piacere."

Yama sta dicendo che siamo continuamente di fronte a questa scelta: scegliere i piaceri della vita, cosa del tutto naturale e che tutti vogliono, o cercare di raggiungere la beatitudine del Sé, cosa molto difficile, ma che durerà per sempre. I piaceri dei sensi vanno e vengono. Mangiate qualcosa di gustoso, è piacevole e poi se ne va. Poi dovrete mangiare qualcos'altro – non subito, per lasciare ai sensi il tempo di recuperare – e dopo aver mangiato, il piacere se ne va. È fugace. È soltanto per un momento. Ogni oggetto dei sensi è così; viene e poi se ne va. Noi vorremmo essere in grado di godere in continuazione dei piaceri dei sensi, giorno e notte, senza sosta. Ma la natura stessa dei sensi è che essi sono temporanei e possono dare soltanto piaceri momentanei; poi si stancano, si esauriscono e devono riprendersi. È una catena infinita. È come un pozzo senza fondo, non lo potremo mai riempire. Ma i saggi dicono che la beatitudine del Sé, dell'*Atman*, una volta raggiunta rimarrà per sempre; è questa l'essenza della beatitudine.

Yama sta dicendo che esiste sempre la scelta tra il piacevole ed il buono, detti *preyas* e *sreyas* in sanscrito.

"Gioia perenne o piacere passeggero. Questa è la scelta da fare, sempre. Il saggio la riconosce, ma non l'ignorante. Il primo dà il benvenuto a ciò che conduce a gioia eterna, anche se doloroso al momento; il secondo, stimolato dai sensi, rincorre ciò che sembra un piacere immediato."

Siamo sempre di fronte a questa scelta; non soltanto una volta ogni tanto, ma in ogni momento della nostra vita. Correre dietro ai piaceri o alle cose buone. E il buono generalmente è molto doloroso all'inizio, ma alla fine ci frutterà una grande beatitudine. E le cose piacevoli sono molto facili da ottenere, ma alla fine conducono alla sofferenza.

"Bene hai fatto, Nachiketas, a rinunciare a questi piaceri passeggeri, tanto cari ai sensi, e a voltare le spalle alle strade del mondo, che fanno dimenticare all'uomo il vero scopo della vita. Saggezza ed ignoranza sono lontanissime tra loro. La prima conduce alla realizzazione del Sé; la seconda ci allontana sempre di più dal nostro vero Sé. Nachiketas, ti considero degno di ricevere la conoscenza, perché i piaceri effimeri non ti tentano affatto."

Ciò significa che Nachiketas è un buon *sadhak*, e che il Signore Yama gli impartirà gli insegnamenti. Non serve a niente insegnare la scienza della realizzazione del Sé a chi è completamente immerso nei piaceri dei sensi, perché ad una persona simile la cosa non interessa affatto. Bisognerebbe per lo meno avere l'un per cento di interesse per qualcosa al di là dei sensi, per ascoltare discorsi spirituali o leggere le Scritture. Nachiketas ovviamente ne ha più dell'uno per cento.

"Sono soltanto in pochi a sentir parlare dell'Atman; e ancora meno a dedicare la loro vita alla Sua realizzazione. Meraviglioso è colui che parla di Quello; rari sono coloro che fanno di Quello l'obiettivo supremo della loro vita. Questo risveglio che tu hai sperimentato non deriva dalla logica e dall'erudizione, ma da una stretta associazione con un maestro realizzato. Sei saggio, Nachiketas, perché sei alla ricerca del Sé eterno. Possano esserci altri ricercatori come te."

Dunque, come otteniamo questa conoscenza? Principalmente attraverso la compagnia di un'anima che ha realizzato il Sé.

"Sappi che il Sé è il Signore del carro."

Dopo aver lodato Nachiketas ritenendolo un *sadhak* degno, Yama gli dà istruzioni; che cos'è questo Sé?

"Sappi che il Sé è il Signore del carro, il corpo il carro stesso, l'intelletto il cocchiere, e la mente le redini; i sensi i cavalli; i desideri egoistici sono le strade che essi percorrono."

L'intelletto è dunque il conducente, il corpo è il carro, e la mente tiene in mano le redini; a cosa sono collegate le redini? Ai sensi. E dove vanno i sensi? (*Qualcuno dice: al carro*). Sono già nel carro. Dove vanno? Se gli oggetti dei sensi costituiscono la strada, è lì che si dirigono i sensi. quindi le strade sono gli oggetti dei sensi. Il senso della vista vede gli oggetti, il naso sente profumi gradevoli, le orecchie ascoltano della bella musica – questi stimoli possono essere paragonati a strade; ed ognuno dei sensi è come un cavallo. La mente tiene le redini, e l'intelletto decide che direzione far prendere ad ognuno dei sensi. Ecco il significato di questo passo.

"In colui che manca di discernimento e ha una mente indisciplinata, i sensi corrono in tutte le direzioni come cavalli impazziti."

Quando non si ha né autocontrollo né discernimento, i sensi vanno dove vogliono. Ne avrete senz'altro fatto esperienza. State attraversando la cucina, quando vedete sul tavolo qualcosa di delizioso da mangiare. Stavate andando da tutt'altra parte, ma i vostri occhi si dirigono lì, il vostro naso anche, e qualche istante dopo anche la vostra lingua. Qual è la causa di ciò? Le redini sono allentate, la discriminazione assente. Noi seguiamo semplicemente i sensi; lo facciamo di continuo. Le orecchie, gli occhi, è sempre così: la mente viene attirata ovunque si rivolgano i sensi.

"Quando si possiede discernimento e la mente è focalizzata, essa diventa pura e può conseguire lo stato di immortalità. Coloro che non raggiungono quello stato vagano di morte in morte. Ma chi possiede discernimento, una mente tranquilla ed un cuore puro raggiunge la fine del viaggio e non cadrà

mai più nella morsa della morte. Con un intelletto discriminante come cocchiere, e una mente allenata come redini, egli raggiunge il traguardo supremo della vita: l'unione con il Signore dell'Amore."

Quindi, quando le redini sono nelle nostre mani, quando i nostri sensi agiscono come vogliamo noi, invece di essere noi ad agire come vogliono loro, allora la mente diventa calma, perché l'unica cosa che davvero agita la mente è il vagabondare dei sensi. Se i sensi sono sotto controllo, allora anche la mente si calma. In quella mente tranquilla, vedremo riflesso in noi il Signore dell'Amore, il *Paramatman*. E questo è lo stato d'immortalità, della realizzazione di Dio.

"Alzati! Svegliati!"

No, non voi (*ridendo*). Yama si rivolge a Nachiketas. Anche se Nachiketas in realtà non sta dormendo, Yama gli dice:

"Ricerca la guida di un maestro illuminato e realizza il Sé."

Segue un detto famoso, un passo che potrete aver già sentito:

"Affilato come la lama di un rasoio, dicono i saggi, è il sentiero, difficile da percorrere."

La vita spirituale – il sentiero spirituale – è affilata come la lama di un rasoio. Ovvero *molto* affilata.

"Il Sé Supremo è al di là di nome e forma, al di là dei sensi, inesauribile, senza inizio e senza fine. Il Signore che ha in Sé la causa della Sua esistenza ha diretto i sensi verso l'esterno; per questa ragione guardiamo il mondo là fuori e non vediamo l'Atman dentro di noi."

Il Signore ha creato i nostri sensi in questo modo; la mente si dirige all'esterno, scorre attraverso i sensi; in questo modo ci perdiamo il tesoro che abbiamo all'interno, l'*Atman*.

"Un saggio ritrasse i sensi dal mondo, dal mondo dei cambiamenti, e cercando l'immortalità diresse lo sguardo all'interno e vide il Sé immortale, l'Atman."

Quindi una persona spirituale, un aspirante, un saggio o un santo, con il desiderio di sfuggire alla morte – non la morte del corpo, ma la convinzione di morire quando muore il corpo – una persona ispirata da questo desiderio, placò i sensi e si guardò dentro, alla ricerca del Sé; in questo modo ottenne la visione dell'*Atman* e raggiunse l'immortalità.

Nachiketas chiede: "Bene, ma come si fa a realizzare questo stato?" Yama risponde:

"L'Atman è senza forma e non può essere visto con questi due occhi. Ma Egli si rivela in un cuore reso puro attraverso la meditazione e il controllo dei sensi. Quando si realizza l'Atman, ci si libera per sempre dal ciclo di nascita e morte. Quando i cinque sensi sono resi quieti, quando la mente è quieta e quando l'intelletto è quieto – questo è ciò che i saggi chiamano lo stato supremo. Essi dicono che lo yoga è questa completa quiete in cui si entra nello stato di unità, per mai più separarsene. Se non si è stabili in questo stato, il senso di unità viene e va. Questo stato di unione non può essere raggiunto attraverso le parole, i pensieri o con gli occhi. Come può essere raggiunto se non attraverso colui che è stabile in quello stato? Esistono due sé: l'ego separato e l'Atman indivisibile. Quando si trascende l'idea di 'io', 'me', e 'mio', l'Atman si rivela come il proprio vero Sé. Quando rinuncia a tutti i desideri che sorgono nel cuore, il mortale diventa immortale. Quando vengono sciolti tutti i nodi che soffocano il cuore, il mortale

33

diventa immortale. Questa è l'essenza degli insegnamenti delle Upanishad. Il Signore dell'Amore, non più grande di un pollice, è custodito gelosamente nel cuore di ognuno. Estrailo dall'involucro del corpo come si stacca un filo d'erba. Sappi che sei puro ed immortale; sappi che sei puro ed immortale."

"Nachiketas imparò dal Re della Morte l'intera disciplina della meditazione, liberandosi da ogni senso di separazione. Conquistò l'immortalità in Brahman, l'Essere Supremo. Benedetto è colui che conosce il Sé."

Ciò che Yama sta insegnando a Nachiketas è molto chiaro: rendendo quieta la mente attraverso la pratica spirituale si potrà raggiungere la visione di Dio o del Sé, che è lo stato supremo. A quel punto l'individualità affonda nell'oceano della beatitudine. È questa l'immortalità.

Nachiketas è un esempio di una persona giovane che raggiunse la realizzazione nell'antichità. Vi racconterò adesso la storia che vi ho promesso da alcune settimane, quella di Andal, una santa molto giovane, per molti aspetti simile ad Amma.

Andal e Bhagavan Sri Vishnu

C'era una volta, circa milleduecento anni fa, nel Tamil Nadu, vicino a Madurai, un *mahatma*. Esiste un gruppo di santi, non tutti contemporanei, chiamati 'Alwar', che significa 'coloro che sono immersi nella coscienza di Dio'. Uno di loro era conosciuto con il nome di 'Periyalwar', che significa 'l'alwar anziano', 'il grande alwar', perché aveva un rapporto particolare con Dio. La sua divinità prediletta, o *ishta devata*, era Krishna, e lui amava Krishna come un genitore ama il figlio. Era solito venerare Krishna bambino, Bala Krishna, e ricevette la visione di Dio in quella forma. La gente lo chiamava quindi 'Periyalwar', perché era come fosse il genitore di Dio.

Periyalwar era molto noto a quei tempi per la sua santità; persino i re lo conoscevano e lo rispettavano. La sua *sadhana* era molto bella. Coltivava dei fiori e delle piante di tulasi in giardino – il tulasi è la pianta di basilico molto cara a Vishnu, o Krishna. Era solito fare ogni giorno una grande ghirlanda con questi fiori ed offrirla poi la sera al Signore Vishnu nel tempio.

Un giorno, mentre era fuori in giardino a strappare le erbacce e a dissodare sotto le piante di tulasi, trovò, incredibilmente, una bambina appena nata. Era lì, sotto le piante di tulasi. Periyalwar si chiese che cosa fosse; si guardò intorno, ma non c'era nessuno, nessun genitore, niente. Egli pensò: "Questo deve essere un dono di Dio per me." Prese la bambina e incominciò ad allevarla. La chiamò Goda, che significa 'nata dalla terra', perché in un certo senso la bambina era sbucata dalla terra. La allevò in modo che diventasse, come lui, una devota del Signore. La bambina vedeva Periyalwar venerare Dio ogni giorno, immerso nella coscienza di Dio. In questo modo lei adottò tutte le sue abitudini di vita.

Goda aveva un bellissimo atteggiamento nei confronti di Dio, che non era esattamente come quello del suo padre adottivo. Lei considerava Bhagavan come il suo amato. Voleva sposare Bhagavan. Voleva essere la sposa di Dio. Avrete sentito parlare di matrimonio mistico; significa considerare Dio come il proprio amato, e volerlo sposare, diventare una cosa sola con Dio e unirsi a Lui per sempre. Questa era l'attitudine di Goda verso Vishnu, ed era un sentimento per lei molto naturale.

Periyalwar faceva queste bellissime ghirlande e poi le metteva in un cestino. La sera, dopo aver fatto il bagno, le portava al tempio per offrirle a Dio. Quando lui usciva per andare al fiume, Goda prendeva la ghirlanda, la indossava, si metteva davanti ad uno specchio a grandezza naturale e rimaneva lì di fronte a pensare:

"Sono bella abbastanza per Bhagavan?" Si chiedeva se Bhagavan l'avrebbe sposata e si osservava per capire se era attraente. Poi si toglieva la ghirlanda e la rimetteva nel cestino prima che tornasse il padre.

La cosa andò avanti per parecchio tempo, e un giorno Bhagavan decise di far conoscere a tutti la *bhakti* di Goda. Quindi una sera, quando Periyalwar portò la ghirlanda al tempio, Bhagavan fece in modo che il sacerdote notasse un lungo capello nero nella ghirlanda. Il sacerdote disse: "Che cos'è? È un capello! Qualcuno ha indossato questa ghirlanda. Che cosa incredibile è questa? Come fai ad offrirla a Dio, dopo averla già data a qualcun altro?!" Periyalwar fu sconvolto. Prese la ghirlanda e tornò a casa, senza dire niente a Goda; voleva coglierla in flagrante.

Il giorno dopo fece un'altra ghirlanda, la mise nel cestino e uscì come se stesse per recarsi a fare il bagno, ma in realtà girò intorno alla casa e si mise vicino alla finestra. Vide così Goda indossare la ghirlanda, guardarsi allo specchio e girarsi da un lato e dall'altro. Non è che lei si stesse rimirando; si chiedeva soltanto se Bhagavan sarebbe stato contento di averla in moglie. In quel momento lui si precipitò in casa, dicendo: "Che sacrilegio è mai questo, che cosa orribile! Chi ti ha insegnato tutto questo?" Goda si sentì un po' intimidita e non disse nulla. Quella sera Periyalwar non poté recarsi al tempio ad offrire la ghirlanda a Bhagavan; era sconvolto e si addormentò. Quella notte fece un sogno molto vivido.

Bhagavan Vishnu gli apparve e disse: "Periyalwar, offrimi soltanto le ghirlande che ha indossato Goda, perché il profumo del suo amore rende quelle ghirlande molto speciali; tutte le altre non mi piacciono più. Quindi assicurati che prima Goda abbia indossato la ghirlanda, e poi portamela." Egli fu a dir poco sorpreso! Si rese conto che questa sua figlia era figlia di Dio, la preferita di Dio. Dopo questo evento le diede il nome di Andal, che significa 'colei che è immersa nelle qualità di Dio'. In altre parole, colei che è colma di Dio.

Andal era solita recarsi tutte le mattine, specialmente nei mesi invernali, intorno a dicembre-gennaio, a fare il bagno nel laghetto del tempio con le sue amiche; poi si recavano al tempio di Krishna a cantare per Krishna, Gli chiedevano di svegliarsi, di sposarle e di benedire il mondo donandogli la pace. Questi canti composti da Andal sono bellissimi; sono canti di trenta versi detti Tiruppavai. Perfino oggi, anche se risalgono a milleduecento anni fa, vengono cantati nei mesi invernali in tutti i templi dedicati a Vishnu nell'India del Sud. Tutti i devoti di Vishnu cantano ancora oggi nelle loro case questi canti così belli.

La cosa continuò per un po', e quando infine la ragazza crebbe, venne il momento di darla in matrimonio. Periyalwar stava incominciando a preoccuparsi, perché la ragazza sembrava completamente folle per Dio. Lui pensava, come fa spesso la gente: "Bene, se la facciamo sposare, ritornerà con i piedi per terra." Incominciò quindi a cercarle un partito adatto, e quando ne venne a conoscenza, Andal fu sconvolta.

Avrete letto nella biografia di Amma quante volte cercarono di darla in matrimonio. Era impossibile farla sposare. Ogni volta Amma creava degli ostacoli; molte delle cose che fece sono molto interessanti. Quando portarono un ragazzo in casa per presentarglielo, Amma si mise vicino alla finestra della cucina con un pestello in mano, roteandolo come se fosse in procinto di ridurre il promesso sposo in purée: egli scomparve come un proiettile nella direzione opposta. Amma fece molte cose per far desistere i genitori dall'idea di darla in matrimonio, finché essi non si arresero. Si recarono da un astrologo che disse loro che erano fortunati a non essere riusciti a farla sposare perché, chiunque fosse stato il marito, sarebbe con tutta probabilità morto di lì a poco. Disse che Amma non era destinata ad andare in sposa a nessuno, e che era una personalità divina, yogica. L'astrologo non l'aveva mai incontrata, ma fu in grado di dire queste cose interpretando l'oroscopo.

Allo stesso modo, anche Andal non voleva sposarsi. Periyalwar era un *mahatma*, non una persona qualsiasi, e non aveva certo intenzione di costringerla. Sapeva che la ragazza era una santa, quindi disse:

"Va bene, che cosa vuoi? Cosa hai intenzione di fare nella vita?"

Lei rispose: "Voglio sposare soltanto Bhagavan."

"Quale Bhagavan vuoi sposare?"

"Vishnu."

"Quale Vishnu? Ci sono così tanti Vishnu."

"Cosa intendi dire?"

"Voglio dire che ci sono così tanti templi dedicati a Vishnu."

Incominciò a parlarle dei vari Vishnu dei diversi templi, ed infine, quando le raccontò di Ranganathan a Srirangam, dove c'è un bellissimo tempio, Andal arrossì. Periyalwar non ebbe più bisogno di aggiungere altro, e capì che era quello il Vishnu che voleva sposare. Era quello il Vishnu che la ragazza era solita vedere in sogno ed in meditazione.

Allora lui pensò: "Come farò a farla sposare con una scultura? È impossibile. Anche se Vishnu non è certo una pietra, il Signore Sri Ranganathan ha la forma di una scultura in pietra. Come faccio a dare in sposa la mia figlia in carne ed ossa ad un Dio di pietra?" Non riusciva a trovare una via d'uscita. Quella notte fece un sogno, in cui Ranganathan gli disse: "Non ti preoccupare, mi prenderò cura Io di tutto." Così, Periyalwar radunò tutti i suoi parenti, che fecero salire Andal su un palanchino e la accompagnarono al tempio di Srirangam. Nel frattempo, Sri Ranganathan apparve ai sacerdoti del tempio di Srirangam e disse: "La mia amata, la mia sposa sta arrivando. Preparatevi per la cerimonia nuziale." Così, quando tutti si radunarono di fronte al tempio, i sacerdoti ricevettero Andal con tutti gli onori, come se fosse davvero l'amata del Signore. Ma ancora nessuno aveva idea di cosa sarebbe successo e di come si sarebbe svolto il matrimonio. Tutti pensavano: "Al massimo, faremo entrare Andal nel tempio, compieremo dei rituali e quando sarà tutto finito lei tornerà a casa con suo padre, felice per il resto della vita per aver sposato Dio." Questo è ciò che pensavano tutti, ma non ciò che accadde.

Entrarono nel tempio e, quando Andal vide Sri Ranganathan – era la prima volta che vedeva quell'immagine del Signore – scoppiò in lacrime ed incominciò ad irradiare un'intensa luminosità. Come in trance, si diresse verso l'immagine nel tempio, si fermò lì accanto e incominciò a splendere sempre di più, finché non svanì nella luce.

Tutti i presenti furono sconvolti, specialmente Periyalwar, che aveva perso la figlia. Ma in quel momento capì che Andal era la Madre Divina in persona.

La stessa cosa successe ad un'altra santa. Non vi racconterò tutta la storia, molto famosa, di Mirabai. Anche Mirabai era folle d'amore per Krishna, e la sua vita finì esattamente allo stesso modo. Entrò in un tempio dedicato a Krishna a Dwaraka, si avvicinò all'immagine e si fuse nella luce. Non esiste una tomba di Mirabai. Entrambe queste *mahatma* scomparvero senza lasciare traccia. C'è una bella poesia dedicata ad Andal, composta da un devoto del Bengala. Dopo aver letto la storia di Andal, scrisse questa poesia.

Come una sorgente benedetta dal profondo del tuo ricco cuore, o Santa, riversasti il tuo amore sacro e cristallino e la tua estasi a Dio,
uccellino dalle ali spiegate per la gioia, superasti le vette dell'adorazione,

*e la terra ed il cielo furono felici, e bevono per l'eternità il
nettare melodioso del tuo canto.*

*Il tuo amore non era di questa terra, nessuna anima di donna
ebbe mai la tua stessa intensità per un amore terreno.*

Sposasti davvero Dio,

traguardo al di là della nostra comprensione,

al di là del nostro debole discernimento,

*e anima con anima, come un raggio di sole nel sole, svanisti,
o Mistica.*

Namah Shivaya.

Fede in Amma

oglio innanzitutto dire a tutti voi che sono molto contento di vedervi e di essere tornato. Ho passato un mese in India. Come penso molti di voi sapranno, sono andato là perché era parecchio tempo che non stavo bene. Amma mi ha abbracciato e quello è stato più o meno l'inizio della fine del mio problema. Ciò mi permette di introdurre il tema di stasera, ovvero la fede in Amma.

Fede perfetta significa realizzazione del Sé

Amma dice, e noi sappiamo che è la verità, visto che abbiamo tutti tendenze spirituali, che l'obiettivo della vita umana è la realizzazione di Dio; che la nostra sete di felicità, che non diminuisce mai, qualsiasi cosa facciamo, può essere soddisfatta soltanto nella beatitudine della realizzazione di Dio. Poiché questa sete è infinita, soltanto qualcosa d'infinito può soddisfarla, e noi non possiamo eliminarla dicendo semplicemente: "Ne ho avuto abbastanza! D'ora in poi sarò felice!" Possiamo essere felici soltanto se diventiamo una cosa sola con Dio, e realizziamo la nostra vera natura.

Perché ciò sia possibile, Amma dice che abbiamo bisogno di una fede perfetta. In realtà, fede perfetta significa realizzazione del Sé, realizzazione di Dio. Questa è un'af-fermazione piuttosto criptica. Cosa vuol dire? Al momento attuale, per noi il mondo ed il corpo sono reali, sono l'uni-ca realtà esistente. E Dio, l'*Atman*, il Sé, non esistono affatto. Sembra tutto soltanto un'astrazione. La gente usa la parola 'Dio' in tanti modi e questa, alla fine, è per

41

molti l'unica cosa reale di Dio: una parola e non un'esperienza. Questo è *maya*. Quando ci sembra che Dio non sia reale, che l'*Atman* non esista, e che il corpo, la personalità e il mondo siano reali, significa che siamo sotto l'influenza di *maya*, dell'illusione cosmica. Per questa ragione, non proviamo la felicità infinita della realizzazione di Dio. Quindi Amma afferma che dobbiamo cercare di coltivare l'atteg-giamento opposto, in altre parole che soltanto Dio esiste, che soltanto l'*Atman* è reale, che il corpo, la personalità e il mondo sono irreali e semplici sogni nell'esistenza cosmica, nella pura coscienza. E non solo dobbiamo pensare in questo modo e coltivare questa attitudine, ma anche vivere di conseguenza, il che è ancora più difficile. A dire il vero, questa è la difficoltà maggiore nella vita spirituale. Vita spirituale non significa soltanto ripetere centootto volte il vostro *mantra* mattina e sera, andare al tempio, compiere una *puja*, meditare, andare in pellegrinaggio, far visita ad Amma. No. Questo non è tutto nella vita spirituale. Una vera vita spirituale significa vivere nella fede, vivere con la fede che esiste soltanto Dio e che solo l'*Atman* è reale. Tutto il resto è soltanto un sogno. Questa è vera spiritualità, vera religione, *dharma, tapas*; questo è tutto nella vita spirituale.

L'ateo che cadde dalla scogliera

Molti di voi avranno sentito questa storia, che giunge a proposito. È la storiella divertente di un ateo che cadde da una scogliera. Stava correndo e cadde da una scogliera. Mentre precipitava, riuscì ad afferrare un ramo che sporgeva sul lato del precipizio. Rimase lì aggrappato, e sotto di lui si apriva un abisso di trecento metri, verso cui stava per precipitare. Era sul punto di cadere e di sfracellarsi. Appeso a quel ramo, sentiva che stava diventando sempre più debole, e capì che non avrebbe resistito molto a lungo. Cercò di fare del suo meglio per trovare una via d'uscita. Infine, gli venne un'idea: "Dio!" Fino a quel momento non gliene era mai importato niente di Dio. Non aveva mai pensato a Dio. Ma in quel momento ci pensò e gridò: "Oh, Dio!"

Non ci fu risposta, ma lui pensò: "Cos'ho da perdere? Fammi provare ancora una volta. Magari non mi ha sentito. Oh, Dio! Se mi salvi, crederò in Te per tutto il resto della vita. Diffonderò la Tua gloria in tutto il mondo!"

Nessuna risposta. Silenzio.

"Oh, Dio, non mi senti? Te lo prometto, se mi salvi, crederò in Te."

Silenzio. E dopo un istante, dal precipizio si levò una voce tonante: "Dicono tutti così quando sono nei guai."

L'uomo era fuori di sé dalla gioia. Disse: "No, no, Dio. Io sono diverso! Farò tutto quello che mi dici. Salvami la vita e diffonderò il Tuo nome in tutto il mondo!"

La voce disse: "D'accordo, allora. Lascia andare quel ramo!"

L'uomo rispose: "Cosa? Pensi che sia matto?!"

La sua fede era tutta lì. Nemmeno quando sentì la voce di Dio riuscì ad obbedire. La fede nelle cose materiali era più grande.

Questo è il cuore del problema. Amma dice: "Abbiate fede in Dio, abbiate fede in un Guru realizzato. Allora tutto sarà perfetto ed andrà nel migliore dei modi. È questo il segreto per diventare perfetti, per diventare felici." Ma quando si tratta di affrontare i problemi pratici con fede in Dio, in un modo o nell'altro la nostra fede svanisce e ci ritroviamo nel mondo. Va tutto bene finché cantiamo i *bhajan* o siamo tra le braccia di Amma. Ma se c'è un piccolo problema, evapora tutto.

La *Gita* sottolinea l'importanza della fede, nel senso che noi siamo esattamente come la nostra fede. Si potrebbe dire che, agli occhi di Dio, o di un'anima che ha realizzato Dio, il nostro livello è determinato dall'intensità e dal grado della nostra fede. Quindi Krishna nella *Gita* dice: "La fede di ognuno è in accordo con la propria natura. L'uomo è costituito dalla sua fede. Come è la fede di un uomo, così è lui."

Noi siamo così. Ciò in cui abbiamo fede e quanta fede abbiamo, rispecchiano esattamente il nostro stadio evolutivo, per così dire. E abbiamo tutti fede in qualcosa perché, come stiamo per leggere nelle parole di Amma, non si può esistere senza una qualche fede. Si smetterebbe di essere. Perché?

Per la realizzazione di Dio è necessaria la fede

Una persona chiede ad Amma: "Non è fede cieca dire che esiste un Dio?"

In verità, dice Amma, la fede cieca non esiste o, in altre parole, ogni fede è cieca. Perché?

Dice Amma:

"Figli miei, viviamo tutti grazie alla fede. Facciamo ogni passo con la fede che davanti a noi non ci sia niente di pericoloso. Non appoggiamo il piede se pensiamo che ci possa essere un serpente velenoso davanti a noi. Mangiamo al ristorante perché crediamo che non ci sia pericolo. Ma ci sono persone che muoiono per avvelenamento da cibo, non è così? La vita stessa sarebbe impossibile se non avessimo fede cieca.

"Quando saliamo su un autobus, crediamo ciecamente nel conducente, anche se si tratta di un perfetto sconosciuto. Potrebbe anche causare un sacco di incidenti. Quanti incidenti in macchina ed in autobus succedono ogni giorno! Nonostante ciò, che cos'è che ci fa continuare a viaggiare in autobus o in macchina? È la fede, non è vero? Cosa dire dei viaggi in aereo? In un disastro aereo di solito non sopravvive nessuno, eppure noi abbiamo fiducia che il pilota ci condurrà a destinazione senza problemi.

"Facciamo l'esempio di un uomo d'affari. Che cosa lo spinge a intraprendere un affare? Non è forse la fede che sarà in grado di ricavarne dei profitti? Che garanzia c'è che tutte queste cose si verificheranno come ci aspettiamo? Assolutamente nessuna. Allora perché continuiamo a fare tutto quello che facciamo? Per fede!"

Ma Amma traccia una distinzione tra la comune fede nelle cose materiali e la fede in Dio, nella spiritualità o negli esseri realizzati.

"La vera fede, però, è diversa dalla suddetta fede ordinaria. La fede dovrebbe nascere da princìpi rilevanti. Soltanto in quel caso può essere definita vera fede. È grazie ad una tale fede che i nostri antenati vivevano, dimorando in Dio. Nessuno di loro credeva ciecamente."

Che cosa intende dire Amma? Che essi non credevano semplicemente in Dio, ma facevano l'esperienza di Dio.

"Coloro che hanno visto Dio direttamente diventano testimoni della Sua esistenza. La loro testimonianza non perde validità semplicemente perché noi non L'abbiamo visto. Coloro che hanno visto Dio indicano una via perché anche gli altri possano vederLo. È sbagliato rifiutare la loro testimonianza senza nemmeno provare a mettere in pratica i loro consigli, vero? Rifiutare qualcosa senza averla provata non è in verità un tipo di fede cieca?"

Quindi, ci sarà qualcuno che pensa: 'Soltanto perché i *rishi* o qualche *mahatma* dicono di aver visto Dio, e che dovremmo cercare di vederLo anche noi, e ci indicano il modo per riuscire a vederLo, perché dovrei crederci? Come faccio a sapere che hanno davvero visto Dio?' Questo tipo di ragionamento equivale a dubitare che nostro nonno abbia davvero conosciuto suo nonno. Come faccio a sapere che mio nonno ha davvero conosciuto il mio tris-nonno?

Non posso averne la prova, ma accetto la sua autorità. Allo stesso modo, noi accettiamo l'autorità di persone rispettabili o di saggi che affermano che Dio esiste, che l'hanno visto, e che c'è un modo per arrivare alla realizzazione di Dio. La fede in un Guru, in un Essere Realizzato, in un Maestro, è davvero essenziale. È il punto di partenza verso la realizzazione del Sé.

"Per recarsi in un luogo sconosciuto, bisogna affidarsi ad una guida. Se questa è la procedura per una destinazione materiale, che obiezione ci potrà mai essere a riporre la propria fede in un'Anima Realizzata per poter raggiungere la Realtà, misteriosa e infinitamente sottile?"

"Bisogna essere come bambini…"

Per la realizzazione di Dio è essenziale la fede, ma questo non basta. La fede è necessaria in ogni tipo di vita di buona qualità. In verità, è questo il segreto per arrivare ad una vita perfetta, avere fede in Dio o nel Guru. Amma prosegue così le sue spiegazioni a riguardo:

"La fede in Dio ci dà la forza mentale necessaria ad affrontare i problemi della vita. La fede nell'esi-stenza di Dio è una forza protettiva. Ci fa sentire sicuri e protetti da tutte le influenze negative del mondo. Aver fede nell'esistenza di un Potere Supremo e vivere di conseguenza è ciò che chiamiamo religione. Quando diventiamo religiosi, sviluppiamo la moralità, che a sua volta ci aiuterà a tenerci lontani da influenze malvagie. Non bevia-mo, non fumiamo, la smettiamo di sprecare energia in chiacchiere e pettegolezzi inutili. La moralità, o purezza di carattere, è il trampolino di lancio verso la spiritualità.

"È la fede, quindi, a creare questi trampolini di lancio verso una spiritualità autentica, per non parlare del beneficio di avere una mente forte e piena di pace nel mezzo dei problemi della vita. Svilupperemo anche qualità come amore, compassione, pazienza, equanimità mentale ed altri tratti positivi, che ci aiuteranno ad amare e servire gli altri senza distinzioni o differenze. La religione è fede. Quando c'è fede, ci sono armonia, unità ed amore. Un non credente dubita sempre. Non crede nell'unità o nell'amore. A lui piace tagliare e dividere. Ogni cosa diventa cibo per il suo intelletto. Non sa stare in pace. È irrequieto. Mette sempre in dubbio ogni cosa, e quindi le fondamenta stesse della sua vita sono instabili e frammentarie a causa della sua mancanza di fede in un Principio superiore."

Come sapete, qui all'ashram a volte leggiamo il *Bhagavatam*, il *Ramayana*, il *Mahabharata*, queste storie antiche scritte dai saggi migliaia di anni fa. I *rishi* affermano che queste storie non vanno lette con l'intelletto. Non dobbiamo cercare di capire cosa vogliono dire, e nemmeno il significato interiore delle storie. Dovremmo leggerle proprio come i bambini leggono le favole, perché in questo modo diventiamo bambini. Amma l'ha sottolineato spesso l'anno scorso quando è stata qui, e anche l'anno prima, e quello prima ancora, che noi siamo troppo nella testa. Questa è la ragione per cui non siamo felici, perché il nostro cuore si è prosciugato. Tutta la nostra concentrazione, l'attenzione, tutta l'importanza la diamo alla testa, per pensare, capire, conoscere. Ma la capacità di "sentire" non è lì.

Non che non ci serva qualcosina della testa. Non c'è niente di sbagliato nell'intelletto, ne abbiamo bisogno. Ma, per così dire, non è lì che dovrebbe aver luogo lo show principale. Lo show più importante è nel cuore. È lì che dimora Dio. È lì che risplende l'*Atman* – non nell'intellet-to, l'intelletto è soltanto l'assistente.

Siate come bambini, e allora troverete la fede e la felicità. Che cosa disse Gesù? "Bisogna essere come bambini per entrare nel Regno dei Cieli." È semplice, e tutti i saggi hanno detto la stessa cosa con parole diverse.

In quel momento, Dio vive in noi

"Una persona dotata di vera fede sarà incrollabile. Una persona religiosa può trovare la pace."

Dobbiamo ricordare che quando Amma usa la parola 'religione' non intende semplicemente avere una religione, credere in una qualche religione. Condurre una vita religiosa significa avere fede in Dio, nei princìpi spirituali o nell'Essere Supremo, anche se non si segue alcuna religione ufficiale. Amma aggiunge: *"Una persona di fede crede nell'unità, nell'amore e nella pace – non nella divisione e nella disarmonia."* Quando Amma parla di religione, lo fa nel senso ampio del termine.

"A causa della mancanza di fede in un Potere Supremo, i non credenti non hanno niente su cui fare affidamento e a cui abbandonarsi completamente quando si presentano circostanze avverse. Per un credente, Dio è il Dio Supremo, è l'Essere Supremo, è un'esperienza. Dio vive in noi, e quindi in noi si manifestano amore puro, compassione, sopportazione, rinuncia e altre qualità simili."

Questa è una bella affermazione. Ovviamente, tutto ciò che dice Amma è bello, ma questa frase in particolar modo. Sta dicendo che quando esprimiamo queste qualità, come l'amore puro e disinteressato verso qualcuno, senza aspettarci niente in cambio, o quando mostriamo compassione, o quando siamo pazienti, o rinunciamo a qualcosa che ci è dannoso, in quel momento Dio vive in noi. Dio è già in noi, ma in quel momento incomincia a splendere attraverso di noi, la Sua presenza si rende manifesta in noi. E noi incominciamo a sperimentare i benefici di questo tipo di vita. Questa è un'esperienza che abbiamo provato tutti. Se facciamo una di queste cose, anche solo per un momento, sperimentiamo un tipo di felicità superiore, non la felicità del prendere, dell'avere e del godere, ma la felicità dell'espansione, che è molto più sottile. Questa felicità si raggiunge sviluppando questi princìpi e qualità spirituali.

"Se un non credente ha in sé una di queste qualità, trarrà gli stessi benefici di un credente. Ciò che si intende per credente non è qualcuno che ha fede in un Dio o in una Dea, ma chi dà valore a dei princìpi superiori, per i quali è disposto a sacrificare ogni cosa. Se queste qualità sono i princìpi su cui un non credente modella la propria vita, egli sarà sullo stesso piano di un credente. Invece, se queste qualità sono solo esteriori e superficiali, una persona non avrà i benefici di un vero credente. Spesso i non credenti amano parlare, ma non mettono in pratica le loro parole. Sono superficiali e parlano soltanto per fare impressione sugli altri. Non hanno niente su cui far affidamento. A salvarli dai problemi della vita, manca loro la fede nel Governatore Supremo dell'universo."

La storia di Giobbe

Nel Vecchio Testamento c'è una bella storia. È la storia di Giobbe. Molti di voi la conosceranno, ma vale la pena raccontarla ancora una volta.

Giobbe era una persona molto virtuosa. Era molto, *molto* ricco! In verità, era l'uomo più ricco della nazione in cui viveva. Possedeva migliaia di capi di bestiame, migliaia di pecore, decine di migliaia di cammelli, un sacco di denaro e terre. Aveva anche dieci figli. Era così virtuoso che ogni giorno faceva dieci *puja*. Perché dieci? Perché aveva dieci figli. Aveva paura che facessero qualcosa di male e, per chiedere perdono per i loro errori, faceva le *puja* per loro.

Un giorno, in *Brahmaloka* si stava svolgendo un *satsang*. Proprio come da noi, anche nei mondi superiori si tengono dei *satsang*! Questo è quanto affermano le Scritture. Erano presenti Dio e molti degli dèi minori, i *devata*, e anche alcuni esseri demoniaci, i *rakshasa* e i *pisacha*. E il più importante tra questi esseri malvagi, nella Bibbia è chiamato Satana. È il pezzo grosso dei *rakshasa*, il capo della mafia, il capo del clan dei *rakshasa*, per così dire. Non so il suo nome nelle Scritture indiane, ma nella Bibbia è chiamato Satana. Non è detto che abbia le orecchie a punta, la coda e tutto il resto. Non sappiamo che aspetto abbia. Sappiamo però che è orribile a vedersi.

Anche Satana andò al *satsang*, perché nel regno divino tutti partecipano a quello che sta succedendo. Non c'è bisogno di essere un gran devoto per poter assistere. Tutti si recano lì dopo la morte, non necessariamente in Brahmaloka, ma nei mondi sottili. Satana andò a sedersi tra il pubblico e Dio gli chiese:

"Satana, dove sei stato oggi? C'è niente di nuovo?"

Satana disse: "Sono sceso sulla Terra. Ho fatto un giro per vedere se potevo fare qualcosa."

Allora Dio gli chiese: "Hai visto Giobbe, il mio servitore? È il mio servitore migliore. È l'uomo migliore della Terra. L'hai visto?"

Satana disse: "L'ho visto. Ma cosa c'è in lui di così grande? Lo paghi molto bene. Perché non dovrebbe adorarTi? Gli hai dato tutte quelle proprietà, cammelli, figli. Ha tutto. Perché non dovrebbe venerarTi? Se vuoi davvero mettere alla prova il suo valore, portagli via tutte le ricchezze."

Allora Dio disse: "Va bene, va' da lui e fagli tutti i dispetti che vuoi, ma non fargli del male fisicamente."

Satana ritornò sulla Terra. Cosa successe?

Il giorno dopo, Giobbe era seduto in casa. Gli portarono la notizia che le mandrie erano state colpite da un fulmine e tutti gli animali erano morti; le pecore erano state razziate dalle tribù confinanti; i cammelli erano morti per aver bevuto acqua avvelenata. E non solo. Come se non bastasse, mentre tutti i figli si trovavano a casa di uno dei fratelli era sopraggiunto un tornado che aveva devastato la casa e ucciso tutti.

Che cosa disse Giobbe? Che cosa avremmo detto se fosse successo a noi?

Disse: "Sono nato nudo e, quando morirò, me ne andrò nudo. Sono arrivato con niente, me ne andrò con niente. Che cosa dovrei dire? Dio mi ha dato tutto. Dio mi ha tolto tutto ciò che mi aveva dato. Sia fatta la Sua volontà." Questa era l'attitudine di Giobbe. Era questa la ragione per cui Dio lo considerava il Suo più grande devoto.

Il giorno dopo in Brahmaloka ci fu un altro *satsang* e, ovviamente, era presente anche Satana. Non si perde mai un *satsang*, perché è un'opportunità per combinare qualche guaio! Allora Dio gli disse:

"Beh, cos'è successo? Hai visto Giobbe?"

Satana disse: "Sì, hai ragione, è piuttosto bravo. Ma certo, qui si trattava delle sue 'cose', ma quando si tratta di 'te stesso', allora è tutta un'altra storia. Dunque, se mi dai il permesso di farlo ammalare, di farlo davvero soffrire nel corpo e lui non ti maledice nemmeno in quel caso, ammetterò che è un grande devoto."

Dio disse: "Va bene, fagli pure quello che vuoi, ma non ucciderlo."

Allora Satana scese sulla Terra e gli mandò delle piaghe purulente. Il suo corpo era ricoperto di piaghe dalla testa ai piedi. Beh, voi sapete quant'è doloroso avere una piaghetta da qualche parte. Giobbe era coperto di piaghe, che incominciarono a spaccarsi, piene di pus com'erano. Sulle ferite incominciarono ad arrivare i vermi. Così dice la Bibbia. La cosa continuò in questo modo per mesi. Giobbe era ridotto proprio male. Se avete una piaga per una settimana, niente di grave. Ma se soffrite in questo modo per mesi e mesi, che cosa succede? La vostra fede comincia ad indebolirsi un pochino...

Alcuni amici andarono da Giobbe per consolarlo. Avevano sentito dire che aveva perso ogni cosa, la ricchezza, le proprietà, i figli. Non aveva più niente, se non la moglie e la casa in cui viveva. Inoltre era malatissimo e soffriva tremendamente. Quindi arrivarono gli amici e incominciarono a consolarlo. Alla fine gli dissero: "Devi aver fatto un sacco di brutte cose per soffrire così."

È naturale; quando vediamo qualcuno soffrire, pensiamo: "Ha tanto brutto *karma*, ecco perché soffre così." Ma sapete, nella Bibbia, a quei tempi, non credevano nella teoria delle vite precedenti. Sei nato in questa vita e quando muori è la fine, non rinasci più. Allora Giobbe incominciò a pensare:

"Che cos'ho fatto in questa vita? Non ho fatto niente di male. Perché mi accusano in questo modo?"

Gli amici gli davano un sacco di suggerimenti. "Sai, se ti penti di tutte le cose sbagliate che hai fatto, se le ammetti di fronte a Dio, tutto si sistemerà. Passerà tutto."

Giobbe pensò: "Non ho fatto niente di male. Perché dicono queste cose? Sono gli unici a sapere qualcosa? Sono forse così stupido? Gliele spiegherò io un paio di cosette su Dio; pensano di essere tanto saggi, di sapere tutto loro!"

E allora incominciò a lamentarsi con Dio, dicendogli quanto segue. Ciò è interessante, perché anche quelli di noi che hanno sofferto molto si comportano in modo simile. Sono cose che ci escono spontaneamente dalla bocca, se la nostra fede non è veramente forte. Che cosa disse Giobbe?

"Oh, Dio, sono forse un mostro perché Tu mi torturi in questo modo? Ti sei portato via la mia famiglia, le mie ricchezze e mi hai ridotto pelle e ossa a causa delle mie cosiddette cattive azioni. Vivevo tranquillamente finché non mi hai ridotto in pezzi. Mi hai preso per il collo e fatto a pezzi. E poi mi hai appeso come se fossi il Tuo bersaglio, e i Tuoi arcieri mi hanno circondato e hanno incominciato a scoccare frecce.

"Eppure io sono innocente! Non mi lasci nemmeno dormire in pace, ma mi mandi degli incubi! Devi mettermi alla prova in ogni momento della giornata? Ti ho fatto del male, o Signore onnipotente? E se mi accusi di aver fatto qualcosa di sbagliato, cosa posso dire? Non posso nemmeno difendermi dalle Tue accuse perché Tu non sei un uomo come me. E non possiamo nemmeno discutere della faccenda in modo corretto, perché non è possibile avere un arbitro tra noi.

"Non torturarmi soltanto, ma dimmi anche perché lo fai! Tu mi hai creato e adesso mi stai distruggendo. Per me è meglio morire."

E ai suoi amici disse: "Che conforto miserabile mi avete recato! Che cosa ho detto che vi fa parlare senza fine? Siete gli unici a sapere qualcosa? Avete il monopolio della saggezza? Io non so forse niente? Smettetela di accusarmi di cose malvagie! So io cosa è giusto e cosa è sbagliato. E vi insegnerò un paio di cosette!"

Quindi, Giobbe non maledì proprio Dio, ma fu sull'or-lo del precipizio, per così dire. Fu sul punto di maledire Dio. Le sue sono obiezioni che solleviamo tutti quando le cose vanno davvero male. "Perché mi tratti in questo modo? Sei Tu ad avermi creato. Se per lo meno mi dicessi perché sto soffrendo in questo modo, non mi dispiacerebbe poi così tanto, ma che senso ha soffrire senza sapere perché si soffre? E a cosa serve tutto questo?!"

Così vanno le cose. Queste sono le argomentazioni che ci vengono in mente quando la nostra fede si indebolisce.

Satana fu sul punto di vincere. Quello che successe fu che l'*ahamkara* di Giobbe, il suo ego, il suo orgoglio, tutte le brutte qualità che ognuno di noi ha dentro, vennero in superficie grazia alla forza della sofferenza. Questa è una delle ragioni per cui arriva la sofferenza – perché tutte queste cose possano venire a galla. Questo è ciò che dice Amma: tutto quello che è dentro deve venire fuori. Poi, una volta che è venuto in superficie, se sai come affrontarlo nel modo giusto, se capisci che cos'è e decidi di non lasciare che si impossessi di te, e di non permettere che ti succeda di nuovo, allora te ne sei liberato. Facciamo l'e-sempio di una boccetta d'inchiostro. Versiamo dell'acqua nella boccetta, e continuiamo a versare fino a quando tutto l'inchiostro è uscito e non rimane che acqua trasparente. Quando tutta la sporcizia che abbiamo dentro viene in superficie grazie alla forza della sofferenza, allora la boccetta è pulita, in altre parole in noi può risplendere la presenza di Dio.

Quindi, tutta la sporcizia di Giobbe stava venendo a galla. E quando fu affiorata del tutto, allora Dio gli parlò. Ci fu un vortice, come un tornado, da cui si sentì uscire la Sua voce:

"Perché usi la tua ignoranza per negare la Mia saggezza? Tutte queste tue sconsiderate argomentazioni vogliono dire che Io non so quello che sto facendo con te. Che cosa ne sai? Preparati a combattere, perché esigerò delle risposte da te.

"Allora, uomo arrogante! Stai dicendo ai tuoi amici che ne sai abbastanza per insegnare loro! Adesso insegna a Me. Ti farò Io qualche domanda.

"Dov'eri quando ho gettato le fondamenta della Terra? Sai come sono state calcolate le dimensioni della Terra e chi se ne è occupato? Conosci l'ingegnere? Chi ha stabilito i confini degli oceani? Ti è stato rivelato il luogo del cancello della morte? Chi ha scavato le vallate e chi ha fatto il sole? Chi ha tracciato il sentiero del fulmine e della pioggia? Chi dona l'intuito e l'istinto? Chi si prende cura dei piccoli degli animali?

"Vuoi ancora discutere con Me? Tu, critico di Dio, hai forse le risposte?"

Cosa diremmo noi se sentissimo questa voce? Se fossimo intelligenti e avessimo imparato la lezione, diremmo esattamente quello che disse Giobbe:

"Io non sono niente. Come potrei mai trovare le risposte? Mi tappo la bocca con la mano, in silenzio. Ho detto già troppo."

Dio, vedendo che era rimasto ancora un po' di ego in lui, non si fermò lì. Disse:

"Alzati e combatti da uomo! Lascia che ti faccia ancora qualche domanda. Hai intenzione di screditare la Mia giustizia e di condannarMi senza combattere?"

"Mi dispiace, Signore, io non so niente. Nel mio dolore ho pronunciato molte cose indegne. Abbi misericordia di me, Tuo figlio."

Dio fu pago. Giobbe divenne umilissimo. Divenne come un bambino. Questo è lo scopo delle difficoltà e della sofferenza: renderci umili come bambini, in modo che la fede possa sbocciare e noi possiamo sperimentare la beatitudine della Presenza di Dio. Allora Dio concesse a Giobbe la benedizione di recuperare tutta la sua terra e tutti gli animali. In seguito ebbe altri dieci figli. Ebbe una grande famiglia e visse fino a centoquarant'anni. Vide persino i suoi pro-pro-pronipoti – dopo aver imparato la lezione. E morì di una morte serena.

Se soffriamo – e tutti soffrono, non c'è nessuno che non soffra, in un modo o nell'altro, in un momento o nell'altro – non dobbiamo maledire Dio, maledire il nostro Guru, maledire Amma. Dobbiamo ricordarci che lo scopo della sofferenza è di purificarci e di renderci umili, in modo da poter sviluppare la fede e godere della beatitudine della realizzazione di Dio.

Nella Gita, una delle ultime cose che dice Krishna è:

"L'uomo che ode questi insegnamenti, pieno di fede e libero dalla cattiveria, anche lui, liberato, raggiungerà il felice mondo della Sorgente dharmica."

Con piena fede, se seguiamo il sentiero della fede, riusciremo a raggiungere il mondo divino e diventeremo addirittura tutt'uno con Dio.

Namah Shivaya!

Come sviluppare la forza di volontà

Oggi è Capodanno, e in Occidente c'è la bella tradizione di fare i proponimenti per l'Anno Nuovo. Non dobbiamo pensare che questa sia soltanto una tradizione occidentale. In realtà è una tradizione spirituale. Non è qualcosa solo di appannaggio del mondo occidentale. Tutti noi dovremmo rivedere ogni giorno ciò che c'è di buono e di cattivo nella nostra mente; ciò che ci fa progredire e ciò che ci fa tornare indietro. Poi, quando la sera andiamo a dormire, dovremmo prendere la risoluzione di fare meglio il giorno dopo. E quando ci svegliamo la mattina, dovremmo pensare: "Oggi supererò le mie debolezze e svilupperò delle buone qualità."

Ma è strano qui, la notte di Capodanno; tutti buttano via le cose vecchie e il giorno dopo decidono di essere migliori a partire da quel momento. È un aspetto divertente della natura umana. Anche se decidiamo che elimineremo le nostre tendenze negative, le nostre *vasana*, ci rendiamo conto che la nostra risoluzione non dura molto a lungo. Con i proponimenti dell'Anno Nuovo di solito va a finire così. Perché non durano? Ci sono diverse ragioni, ed è ciò di cui parleremo oggi.

Le vasana sono come l'orso

La ragione principale è che la nostra forza di volontà è piuttosto debole. La nostra mente è debole. Forza di volontà significa essere in grado di mettere in pratica le nostre buone intenzioni. Ma generalmente non siamo in grado di farlo. Perché? La nostra mente viene distratta facilmente. La pratica spirituale ruota intorno a questo punto. Magari vogliamo eliminare una brutta abitudine, ma la brutta abitudine non vuole lasciarci liberi.

C'è una storia.

Due poveri *sadhu* stavano attraversando a nuoto un fiume. Qualcosa arrivò galleggiando verso di loro. Uno dei *sadhu* pensò: "È una coperta. Fantastico! Avrò una coperta. Non ho mai avuto una coperta fino ad ora." Afferrò questa cosa, ma la cosa incominciò a trascinarlo giù per il fiume. A quel punto l'altro *sadhu* gli disse: "Su! Dobbiamo attraversare il fiume, lascia andare quella cosa!" Beh, ciò che lui aveva pensato fosse una coperta era in realtà un orso. Il *sadhu* urlò all'amico: "Io voglio lasciarlo andare, ma è lui che non lascia andare me!"

Le *vasana* sono proprio così. Noi vogliamo lasciarle andare, vogliamo che se ne vadano, ma loro non lasciano andare noi, perché per molti anni le abbiamo coltivate, sviluppate, coccolate e baciate, e adesso non se ne vogliono andare tanto facilmente.

C'è un santo che dà un consiglio su come eliminare le *vasana*. Dice che quando vengono in superficie, bisogna picchiarle senza pietà. Naturalmente non certo con un bastone, perché sono immateriali, sono sottili, sono nella mente. Una persona ha un cane e lo coccola in continuazione, lo bacia, lo abbraccia e non si rende conto che il cane è una creatura irrazionale e un giorno potrebbe morderlo. Un giorno un amico gli dice: "Non sai che ti potrebbe mordere! Non dovresti coccolare il cane in questo modo."

Allora l'uomo segue il consiglio dell'amico e non appena il cane si avvicina, gli dice: "No! No! Mi spiace, non puoi saltarmi addosso in questo modo! Non puoi baciarmi!"

Il cane gli salta addosso comunque, perché non capisce. Le nostre *vasana* sono così. Magari prendiamo una decisione: "Non farò più questa cosa, non parlerò in quel modo, non guarderò da quella parte, non mangerò più quella cosa."

Noi abbiamo preso la decisione, ma le *vasana* non lo sanno. Quindi, quando arriva la torta, la mangiamo, e quando arriva la persona che ci è antipatica, diciamo impulsivamente quello che non volevamo dire, perché l'abbiamo fatto tantissime altre volte. Le *vasana* non capiscono. Sono soltanto un'abitudine. Quindi ciò che dovete fare è colpirle. Se non volete che il cane vi salti addosso, forse dovrete picchiarlo. Non è una crudeltà. Dovete insegnargli la lezione. E se continua a saltarvi addosso, dovrete picchiarlo di nuovo. Allo stesso modo, per sradicare certe brutte abitudini non bisogna avere pietà. Continueranno a ripresentarsi, finché non capiranno. A quel punto si terranno alla larga.

Una ragione per cui non riusciamo a sviluppare forza mentale è che ci manca la serietà. Dobbiamo voler addestrare la nostra mente con serietà, altrimenti sarà molto difficile conquistarla. È un lavoro a tempo pieno. Non si può fare un passo avanti e dieci passi indietro, e aspettarsi che la mente acquisti pace e concentrazione. Una mente addestrata e forte è una mente felice ed in pace. La serietà è un requisito indispensabile. Questa è la ragione per cui le persone fanno dei proponimenti per l'Anno Nuovo e poi falliscono, perché non lo fanno con serietà. Oggi ne hanno voglia, ma domani o il giorno dopo non più.

Per una persona spirituale non è soltanto questione di oggi, domani o dopodomani. Dobbiamo cercare di purificare la mente ogni minuto fino all'ultimo respiro. Si riduce tutto a questo. Purezza mentale. Purezza mentale significa il potere di controllare la mente e farle fare ciò che vogliamo, invece di permetterle di fare ciò che vuole lei. Significa essere capaci di non pensare, di esistere con una mente priva di pensieri, di diventare solo consapevolezza, una consapevolezza piena di pace e priva di pensieri. Se vogliamo, possiamo pensare, ma non siamo costretti a pensare a meno che non lo vogliamo.

Sentire il peso dell'ego

La serietà necessaria non verrà fino a quando non raggiungeremo lo stadio in cui penseremo: "Che peso è la mia mente, tutte queste mie cattive abitudini. Quanto sono pesanti! Sono una tale fonte di sofferenza!" Proprio come un aereo che rolla sulla pista pronto a decollare, dobbiamo anche noi raggiungere il punto in cui ci rendiamo conto che l'ego è un grande peso. Non l'ego puro, l'ego puro va bene. L'ego puro ci aiuterà. Ma l'ego negativo, l'ego pieno di qualità negative. Sarà difficile acquisire la serietà necessaria fino a che non penseremo: "Che tortura! Ho di nuovo detto quella cosa! Ho di nuovo fatto questa cosa!", e non sentiremo la sofferenza delle nostre azioni impulsive.

Amma ha qualcosa da dire a questo proposito:

"Se la meta finale è realizzare l'Essere Supremo, dovrete diventare completamente privi di ego. Ciò richiede uno sforzo personale. Il sadhak deve pregare sinceramente che le sue tendenze negative vengano rimosse. Deve lavorare sodo. Questa preghiera non è per conseguire qualcosa, né per soddisfare alcun desiderio. È per andare al di là di ogni conseguimento. È per trascendere tutti i desideri. È un intenso desiderio del sadhak di ritornare alla sua reale ed originaria dimora. Egli diventa consapevole del peso del proprio ego, e ciò crea una forte spinta a liberarsi di questo fardello. È questo impulso che si esprime sotto forma di preghiera. La rimozione dell'ego non può essere raggiunta attraverso le preghiere di un'altra anima limitata. Ci vogliono lo sforzo personale e la guida di un Maestro perfetto."

A volte le persone dicono: "Prega per me." Amma dice che le preghiere che si dicono per gli altri sono efficaci per tutto ma non per questo, non per la rimozione dell'ego. Possiamo pregare per la salute degli altri, per la loro ricchezza o il loro benessere, ma quando si tratta di rimuovere l'ego, bisogna farlo da soli. Nessuno eccetto il Guru ci può aiutare.

"Le preghiere di un'altra anima limitata non serviranno. Lavorare sull'ego e svuotare la mente diventa più facile alla presenza di un Maestro Divino. Anche se Amma ha detto che le preghiere di qualcun altro non possono aiutare a rimuovere l'ego di una persona, il solo pensiero, sguardo o tocco di un vero Guru può creare un'enorme trasformazione nel discepolo. Se lo desidera, un vero Guru può persino concedere la realizzazione del Sé al discepolo o al devoto. Può fare ciò che vuole. La sua volontà è tutt'uno con la volontà di Dio. Pregare per la realizzazione di desideri di poco conto significa essere bloccati al livello della mente e di tutti i suoi attaccamenti e avversioni. Non solo; ciò non farà che aumentare le vasana già esistenti."

Stiamo parlando di *vasana*, di abitudini, in particolar modo di brutte abitudini. Quando usiamo la preghiera come mezzo per controllare e purificare la mente, dovremmo pregare per ottenere il Supremo, e non cose di poca importanza, che non farebbero altro che aumentare i nostri desideri, le nostre *vasana*. Pregare per qualcosa che non sia la realizzazione di Dio, significa pregare Dio di aumentare le nostre schiavitù e la nostra sofferenza. Se facciamo questa scelta, allora va bene, non c'è niente di male in questo. Ma se la nostra meta è raggiungere la beatitudine di Dio, se crediamo che questo sia il fine supremo, allora dobbiamo pregare soltanto per questo.

"Si creano nuovi desideri, nuovi mondi. Oltre a ciò, si allunga la catena di collera, lussuria, avidità, gelosia, illusioni, e di tutte le altre qualità negative. Ogni desiderio porta con sé queste emozioni negative. I desideri non realizzati fanno nascere la collera. Invece, quando si prega per la purificazione, per arrivare alla realizzazione del Sé, alla consapevolezza del Sé,

allora le vasana vengono distrutte. Questo tipo di preghiera cambierà completamente il vostro modo di guardare alla vita. La vecchia persona muore e ne nasce una nuova. Invece, pregare per desideri di poco conto non crea alcun cambiamento nella propria personalità. La persona che prega in questo modo rimane la stessa. Il suo atteggiamento non cambia."

Molte persone dicono: "Prego Dio da molti anni. Vado in chiesa ogni domenica. Faccio questo, quest'altro, e medito, però spiritualmente non ho fatto alcun progresso." Perché? Perché non fanno progressi? Una ragione è che la loro mente è ancora occupata da questi "desideri di poco conto", come li definisce Amma, e non dal desiderio di Dio.

Quindi, il controllo della mente, attraverso la preghiera o altri mezzi, non è soltanto per noi, non solo per i devoti, le persone spirituali. È per tutti. Perché se non si sa controllare la mente, è impossibile avere successo in qualcosa. La mente verrà sempre distratta da varie cose e sarà impossibile raggiungere la meta che ci si è prefissati.

Bisogna applicare i metodi

Molti di voi avranno sentito parlare dello *Yoga Sutra*. È il testo più autorevole sulla meditazione. Fu scritto migliaia di anni fa da un saggio di nome Patanjali. Il primo verso dice: "*Yogascitta vritti nirodhah*", che significa "Yoga è il controllo delle modificazioni della mente." Questo è il vero significato di yoga. Oggigiorno, il significato di yoga è stato ridotto al compiere delle posizioni yoga. Ma il vero scopo di queste posizioni e di tutti i rami dello yoga è di controllare le onde della mente, di portare la mente all'immobilità, di portare la mente alla pace perfetta. In questo yoga, in questo sistema di controllo della mente, ci sono vari gradini. Molti di voi conosceranno questi gradini, ma ho pensato che potremmo comunque parlarne un po'. Entreremo nei dettagli in un altro momento. Si potrebbe fare tutta una serie di *satsang* sullo *Yoga Sutra*.

Fondamentalmente, se si vuole raggiungere un determinato fine, bisogna applicare dei metodi. Questo è un approccio scientifico, che vale anche per il raggiungimento della pace mentale. Non è qualcosa che si può fare a casaccio. Deve essere fatto in modo scientifico. Quindi la scienza dello yoga e della meditazione afferma che i primi gradini sono i cosiddetti *yama* e *niyama*. No, non si tratta dello stesso Yama che viene a prenderci quando lasciamo il corpo, il Signore della Morte. Qui *yama* significa restrizioni. I *niyama* invece sono le norme. Sono le varie cose da fare e da non fare nella vita spirituale. Molte persone meditano, leggono libri spirituali, fanno un sacco di cose, ma trascurano gli *yama* e *niyama*. È come trascurare di gettare le fondamenta e poi costruire una casa sulla sabbia. Non so quante persone ho visto andare da Amma e dire: "Amma, medito da trentacinque anni e non ho alcuna esperienza spirituale!" Perché? Perché sono state trascurate le fondamenta. Meditare non è abbastanza. Cantare i *bhajan* non è abbastanza. Bisogna prima prendersi cura delle fondamenta, degli *yama* e *niyama*, e se questi passi preliminari vengono superati bene, si passa automaticamente alla fase successiva. La meditazione verrà automaticamente, non servirà uno sforzo specifico. Questo non vuol dire che non si debba meditare. Dobbiamo meditare ma, allo stesso tempo, non dobbiamo trascurare le fondamenta.

Quali sono gli *yama*?

Ahimsa: non-violenza

Satya: verità

Asteya: non rubare

Brahmacharya: castità

Aparigraha: astenersi dall'avidità

Ci vorrebbe una giornata intera per spiegare ognuno di questi *yama*. Ma in breve:

Ahimsa (non-violenza) significa non fare del male a nessun essere vivente, a niente nel mondo, a niente nell'u-niverso, nemmeno col pensiero, e tanto meno con parole o azioni. Questa è non-violenza. Pensate, se riuscissimo a perfezionarci in una qualsiasi di queste discipline, quanto sarebbe pura la nostra mente, e come verrebbero rimosse le nostre *vasana*!

Satya significa verità. Verità non significa semplicemente non dire bugie. Veritiera è la parola che aiuterà noi e gli altri a procedere verso la verità. Quindi, se è una verità spiacevole, dicono le Scritture, non deve essere detta. Non andate in giro a raccontare agli altri i loro difetti soltanto perché sono veri. È una cosa molto comune; incontriamo sempre qualcuno che ci dice cose su di noi, ci critica o critica gli altri. Anche se sono cose vere non devono essere dette, perché la reazione che causano allontana la persona dalla verità. Quindi non dite una verità spiacevole. È meglio restare in silenzio piuttosto che creare onde mentali di quel tipo. Alcune persone si chiedono: "Non devo dire la verità? Non devo dirgli che sta facendo qualcosa di sbagliato?" No, non diteglielo, a meno che non ve lo chieda. Se ve lo chiede, se quella persona ha fiducia in voi, allora potete dirglielo, perché la cosa non creerà in lui un'onda negativa. Non lo farà arrabbiare. Altrimenti non sono cose che vi riguardano. Fatevi gli affari vostri!

E poi c'è *asteya*, astenersi dal rubare. Significa che, quando vedete una cosa che appartiene a qualcun altro, non dovreste nemmeno pensare: "Oh, mi piacerebbe!" Non vuol dire soltanto non prendere la cosa, ma anche non pensare: "Che bella!" Se vi piace e la volete, allora andate a comprarvene una. Non prendete quella di un altro.

Poi *brahmacharya*, ovvero castità. Castità significa che persino col pensiero si dimora fermamente in Dio e non in cose relative al sesso, sia a livello fisico che mentale.

E *aparigraha* vuol dire astenersi dall'avidità. Voglio soltanto il necessario. Non desidero più del necessario perché ciò vorrebbe dire lavoro extra, fatica e spreco inutile della vita.

Quindi, dopo aver praticato queste cose per un po', ci potrà sembrare che basti. "Sono arrivato da qualche parte. È abbastanza. Sono felice." Può darsi che non basti. Sono gli stessi *Yoga Sutra* a dirvi quando sarà abbastanza. Ovvero, quando avrete raggiunto la perfezione, lo saprete. Per esempio, la non-violenza: quando sarete perfetti, tutti gli esseri viventi vi verranno vicino, non vi saranno più ostili. Magari una tigre. Avrete sentito storie di questo tipo, vero? Yogi che camminavano per le foreste o vivevano in caverne con serpenti, cobra, tigri o leoni e altri animali feroci, o con gente ancora più feroce. Poiché la loro mente dimorava perpetuamente nella non-violenza, non avevano mai il minimo pensiero di fare del male agli altri. E allora anche tutti gli esseri diventavano innocui di fronte a loro.

L'anno scorso abbiamo raccontato la storia delle mucche, vi ricordate? Una volta avevamo delle mucche qui. E ci si poteva avvicinare alle mucche senza che facessero una piega. Non le coccolavamo, certo, poiché erano mucche selvatiche, anche se alcune di loro si facevano persino accarezzare. Una volta ero seduto nell'erba a parlare con qualcuno e le mucche erano lì, a meno di un metro di distanza. Ma un'altra volta volevamo portare le mucche in un certo posto. E io, beh, uscii di casa con un bastone. Le mucche erano a circa trenta metri di distanza. Non appena mi videro, scapparono di corsa. Non avevano certo potuto vedere il bastone, perché lo tenevo dietro la schiena. Ma le mucche sapevano che avevo in mente qualcosa del tipo: "Adesso le rincorro e, se non collaborano, forse le dovrò picchiare." Le mucche lo intuirono. La loro capacità intuitiva è molto maggiore della nostra. Siccome non parlano, non sprecano la loro energia come noi. Fanno affidamento sull'intuito.

Ma quando non avevo quell'idea in mente, la mucca mi stava vicino e non si spostava. Avrei potuto parlare e gridare con qualcuno e lei non si sarebbe comunque mossa. Gli animali lo sanno. Ogni essere vivente sa quando: "Questa persona è una minaccia per me. O faccio qualcosa o me ne vado". Lo sanno intuitivamente. Quindi, se siamo davvero stabili nella non-violenza, tutti gli esseri viventi diventeranno innocui con noi.

Poi la verità. Quando parlate in modo tale da non dire mai bugie; quando ciò che avete nella mente, ciò che è veramente successo e ciò che esce dalla vostra bocca sono la stessa cosa; quando non dite cose spiacevoli anche se sono vere, allora otterrete il potere che qualsiasi cosa diciate si avvererà. Proprio come Amma. Lei può dire: "Non preoccuparti. Migliorerai, migliorerai." Se Amma vi dice così, migliorerete. Nessuno sa quando. Amma non dice quando, ma migliorerete. Succederà di sicuro, perché Lei ha il potere della verità.

E poi il non-rubare. È molto interessante. Le Scritture dicono: "A chi è fermamente stabilito nel non-rubare, a lui arrivano le gemme." La parola è *ratna*, gemme. Strano, vero? Che cosa se ne fa un *sannyasi*, un monaco, di gemme? Il significato di gemme non è pietre preziose. Quando una persona ha raggiunto la perfezione nel non-rubare, ha un'aria talmente innocente, uno sguardo di tale distacco che gli altri provano naturalmente fiducia nei suoi confronti. E si sentono inclini a dargli le cose migliori. O le condividono con lui o gliele affidano, perché intuitivamente sanno che questa persona non ruberà, visto il suo distacco. Quindi, a una persona così arrivano tutte le cose migliori. È questo il significato di *ratna*, le gemme, ovvero le cose migliori.

Arriviamo poi alla castità. Quando si è raggiunta la perfezione, ovvero non si ha nemmeno un pensiero sessuale, che cosa succede? Si ottiene energia spirituale, potere spirituale. Quando una persona che ha raggiunto il potere della castità, detto *virya*, parla con voi, le sue parole penetrano nel vostro cuore. Una persona seduta lì vicino potrebbe dire la stessa cosa, e apparire completamente stupida. Perché? Non dipende dallo stile delle parole. È il potere che vi sta dietro. Non è nemmeno il pathos di chi parla. È l'energia spirituale che la persona ha sviluppato attraverso *brahmacharya*, la continenza. La gente non capirà nemmeno perché reagisce in quel modo. Ciò è dovuto all'energia spirituale di quella persona. Questa energia ci eleva. Quando sentiamo parlare una persona così, è un vero *satsang*; ci dimentichiamo di tutto il resto, e viviamo in un mondo spirituale, grazie all'energia spirituale della persona che parla.

Infine, la non-avidità. Anche questo è molto interessante. Patanjali afferma che quando avrete raggiunto la perfezione nella non-avidità, otterrete una *siddhi*. *Siddhi* significa potere mistico. Dopotutto, questi poteri mistici non sono misteriosi, sono poteri latenti in tutti noi. Sono soltanto poteri della mente, ma poiché la mente è così dispersiva, e noi non sappiamo concentrarci, questi poteri non si manifestano. Arrivano soltanto quando riusciamo a concentrarci, quando la mente diventa forte e non pensa troppo. A quel punto si manifestano le *siddhi*. Quando si è sviluppata la qualità della non-avidità e non si desidera che il minimo per se stessi, si diventa distaccati dal mondo. Non ci si preoccupa di niente. E quando ci si distacca dal mondo, si sviluppa di conseguenza distacco verso il proprio corpo. È sufficiente il minimo: un posto in cui vivere, qualcosa da mangiare, un posto in cui dormire, il minimo indispensabile. E quando si prova distacco per il proprio corpo, allora la vera conoscenza incomincia a risplendere. La particolare *siddhi* di cui parla Patanjali è la conoscenza del passato e la conoscenza del futuro. Questa conoscenza incomincia a nascere nella persona che ha raggiunto la perfezione nella non-avidità. Grazie al distacco nei confronti del mondo e del suo stesso corpo, ottiene la conoscenza di passato e futuro. Perché? Perché ormai non si preoccupa più nemmeno del presente, avendo completo distacco.

Questi sono gli *yama*. Poi vengono i *niyama*:

Saucha: pulizia. Pulizia significa sia pulizia fisica che purezza mentale interiore.

Santosha: appagamento. È la sensazione di avere a sufficienza. Perché dovrei sentirmi irrequieto e cercare di ottenere questo e quest'altro?

Tutti questi *niyama* servono a controllare la mente, a renderla calma.

Tapas: austerità. Oggigiorno la parola *tapas* viene usata come sinonimo di sofferenza: "È stata proprio una *tapas*!" In verità non significa sofferenza, ma la capacità di sopportare la sofferenza. Quando ho freddo, non mi lamento: "Che freddo! Che caldo!", eccetera. Oppure ho mal di testa e non dico: "Oh, che terribile mal di testa!" *Tapas* significa mantenere equanimità mentale tra le coppie degli opposti, i *dvanda*. Mantenere la calma in ogni circostanza, ecco cos'è *tapas*.

Svadhyaya: lo studio delle Scritture e dei testi dei saggi, e la pratica del *mantra japa*. Studio delle Scritture non significa leggere tutti i libri spirituali di qualsiasi autore perché, se andate in libreria, ne trovate centinaia, migliaia. Al giorno d'oggi tutti scrivono libri spirituali! E tutti leggono libri spirituali. Ma questo non è *svadhyaya*. *Svadhyaya* significa leggere i libri scritti dai *rishi*, scritti da anime realizzate, non da chiunque sappia qualcosa di qualcosa. Il potere della parola di un'anima realizzata, del passato o dei giorni nostri, è enorme. Inoltre, anche la ripetizione del *mantra* fa parte dello *svadhyaya*.

Piangere per Dio è meditazione

E poi, l'ultimo degli *niyama* è:
Ishwara pranidhana, che significa devozione a Dio. Che cosa
ha da dire Amma a proposito di quest'ultimo *niyama*? Tutti gli
altri punti sono molto importanti, e dovremmo seguirli. Ma
noi siamo semplici esseri umani, ed è molto difficile mettere in
pratica tutto ciò di cui abbiamo parlato. Quindi Amma dice,
non preoccupatevi, c'è una soluzione. Anche questa non è facile,
ma è un po' meno complicata delle altre. Ed è *ishwara bhakti*,
o *ishwara pranidhana*, ovvero devozione a Dio. È un modo per
controllare la mente ed eliminare le *vasana*. Che cosa dice Amma
a questo proposito?

*Uno dei brahmachari chiese ad Amma: "Amma, oggi pome-
riggio hai consigliato ad un giovane soltanto di pregare e
piangere per Dio. È sufficiente per conoscere Dio?"*
*"Sì," disse Amma, "se fatto con tutto il cuore! Figlio, non
pensare che le pratiche spirituali consistano soltanto nello
star seduti a meditare nella posizione del loto o nel ripetere
il mantra. Certo, questi sono due modi o tecniche per ricordarci di Dio e conoscere il Sé. Ci aiuteranno senz'altro ad
addestrare e a domare il corpo e la mente, che sono irrequieti
per natura; ma è sbagliato pensare che queste pratiche siano
l'unica via. Prendete per esempio le gopi di Vrindavan, o
Mirabai. Qual era la loro sadhana? Come sono diventate
Krishnamayi (ovvero piene di Krishna)? Restando sedute
per lunghe ore in meditazione?" (Lo facevano, forse, le gopi?
Ne avevano il tempo? Le gopi erano sposate) "No. Anche
se, comunque, meditavano. Meditavano costantemente ed
intensamente, ma non sedute a gambe incrociate. Le gopi
e Mirabai ricordavano costantemente le glorie di Dio, e
serbavano in sé la forma del Signore, in ogni luogo ed in*

ogni momento. Continuarono a piangere, fino al punto che le loro lacrime lavarono via completamente la mente e tutti i pensieri scomparvero.

"Figli, quando piangiamo, riusciamo a dimenticarci di tutto senza sforzo. Piangere ci aiuta a smettere di rimuginare sul passato e di sognare il futuro. Ci aiuta ad essere nel presente, con il Signore ed il Suo gioco divino. Immaginiamo che muoia una persona a noi molto cara, madre, padre, marito, moglie, figlio o figlia. Piangeremo pensando a lui o a lei, non è vero? Ci dimenticheremo di tutto il resto. In quel momento ci verranno in mente soltanto i bei ricordi della persona deceduta. Ci interesserà solo pensare a lei e meditare su di lei. La nostra mente diventerà completamente concentrata. Figli, piangere ha il potere di rendere la mente completamente focalizzata. Perché meditiamo? Per raggiungere la concentrazione. Quindi, il modo migliore di raggiungere la concentrazione è di piangere per Dio. È un modo molto efficace per ricordarci sempre di Dio; questa è, in effetti, meditazione.

"È così che facevano devote come le gopi e Mirabai. Mirabai pregava in modo completamente altruista: 'Oh, Giridhari di Mira, non importa se Tu non mi ami ma, o Signore, non togliermi il diritto di amarTi.' Pregarono e piansero finché il loro intero essere fu trasformato in uno stato di continua preghiera. Continuarono a venerare il Signore finché non furono completamente consumate dalle fiamme dell'amore divino; diventarono esse stesse l'offerta."

Quindi, questo è un modo di meditare, un modo facile; rivolgere le proprie lacrime a Dio, o ad un'anima realizzata. Non ci vuole nessuno sforzo particolare per pensare sempre a quella persona, a quella forma, e quando possiamo, quando siamo soli, piangere come Mirabai piangeva per Krishna. E a poco a poco la Divinità riempirà tutto il nostro essere, e non ci sarà più posto per le *vasana*.

Amma fa l'esempio di un recipiente contenente acqua salata. Come si fa ad eliminare l'acqua salata? Se si continua a versarvi acqua dolce, la salinità andrà diminuendo, finché virtualmente scomparirà. Quindi, anche per quanto riguarda le *vasana* che abbiamo dentro, se non siamo in grado di eliminarle direttamente, ciò che possiamo fare è aggiungere in noi qualcos'altro, finché per loro non ci sarà più spazio. Questo qualcos'altro è il pensiero di Dio, o il nostro *mantra*, o Amma. Questo è un modo pratico e facile per le persone comuni come noi.

Anche la grazia di un *mahatma* è un fattore decisivo. Amma ha qualcosa da dire a questo proposito:

"Qualcuno ha detto: 'Ho letto che, per quanta sadhana si faccia, lo stato di perfezione non può essere raggiunto senza la grazia di un Guru Realizzato. È vero?'"

Cosa ne pensate? È vero? Amma ha risposto:

"È perfettamente vero. Per riuscire ad eliminare le vasana più sottili, si ha bisogno della guida e della grazia del Guru."

Amma non si riferisce alle abitudini più concrete e manifeste che abbiamo, ma alle cose più sottili di cui non siamo nemmeno consapevoli.

"Soltanto il Guru può rendere evidenti queste cose, creando situazioni che le facciano venire in superficie, e dandoci la forza per affrontarle. E l'ultima fase, dopo che le vasana sono state eliminate, quando il sadhak scivola nello stato di perfezione, non si può verificare senza la grazia del Guru.
"Gli esseri umani sono limitati. Non possono fare molto da soli. Magari sono in grado di procedere fino ad un determinato punto senza la guida o l'aiuto di nessuno, ma poi il cammino diventa complesso ed è necessario un aiuto. La strada verso la liberazione è un labirinto di sentieri intricati.

Viaggiando attraverso il labirinto, un aspirante spirituale può non essere in grado di capire da che parte andare, che direzione prendere. Seguire il sentiero spirituale senza un Guru può essere paragonato a navigare da soli nell'oceano su una barchetta che non ha gli strumenti necessari, e nemmeno una bussola che indichi la direzione."

Quindi ci sono davvero poche speranze di riuscire a realizzare Dio senza l'aiuto di un Maestro realizzato.

"Ricordate che il sentiero che conduce allo stato di realizzazione del Sé è molto stretto. Due persone non possono camminare insieme tenendosi per mano, facendosi compagnia lungo il cammino. È un sentiero che si percorre da soli.
"Mentre camminiamo sul sentiero spirituale, c'è una luce che ci guida. La luce che ci indica il cammino è la grazia del Guru. Il Guru cammina davanti a noi illuminando il nostro cammino, mentre lentamente e attentamente ci guida. Egli conosce a memoria tutti i sentieri intricati. La luce della sua grazia ci aiuta a vedere e ad eliminare gli ostacoli e a raggiungere la meta finale."

Amma dice, quindi, che dobbiamo sforzarci; questo è molto importante, ma in ultima analisi ciò che ci salva è la grazia del Guru.

"La grazia del Satguru è la cosa di cui abbiamo più bisogno. Senza le Sue cure amorevoli, i Suoi sguar-di compassionevoli e il Suo tocco affettuoso, non si può raggiungere la meta. Con ogni sguardo e tocco pieno di compassione, Egli ci dona la Sua grazia. Quindi, figli miei, pregate per la Sua grazia!"

Namah Shivaya!

Natale e il Cristo Mistico – I

Prima che Amma venisse in America, o quando stava per arrivare la prima volta, io avevo un dubbio: come reagirà la gente quando la vedrà in Devi Bhava? Pensavo che una cosa simile non si fosse mai vista prima, neanche lontanamente. Oggi ho notato qualcosa di molto interessante, che mi ha chiarito tante cose. Me ne ero completamente dimenticato. Oggi, in un certo posto, ho visto un signore seduto, vestito con un costume insolito; le persone gli si avvicinavano, lui le abbracciava e loro gli rivelavano i propri desideri.[2] (risate) Quindi non c'è da meravigliarsi che gli occidentali abbiano immediatamente accettato Amma. Naturalmente, c'è qualche differenza...

Oggi, come tutti sapete, è la vigilia di Natale. E, per una persona spirituale, lo scopo di tutte queste celebrazioni è di accrescere la propria spiritualità. In verità, il Natale è diventato un'occasione per riunirsi, per stare con la propria famiglia. È un momento commerciale. È un momento di profitto negli affari. Ma per noi devoti, e forse probabilmente questo era anche lo scopo originario del Natale, è il momento per riflettere sulla personalità di Cristo, che fu un grande *mahatma*, e studiare i suoi insegnamenti e la sua vita.

---

[2] Swami Paramatmananda si riferisce qui a... Babbo Natale!

Perché Dio ama tanto il dharma?

Nessuna nazione ha il monopolio di santi, *mahatma* e *avatar*. Quando è necessario, Dio, l'Essere Supremo, scende sulla terra a benedire gli esseri viventi. In verità, nella *Bhagavad Gita* c'è un verso molto famoso in cui il Signore Krishna afferma che, quando ce n'è bisogno, Lui viene. Ora, Dio cosa considera un bisogno? Probabilmente tutte le persone che avvicinano Babbo Natale pensano di avere un grande bisogno e vorrebbero che lui lo realizzasse. Anche le persone che vanno da Amma pensano che ciò di cui hanno bisogno sia un grande bisogno, molto urgente, e che Dio in persona dovrebbe esaudirlo. Ma Dio, cosa pensa che sia un bisogno? Bhagavan Krishna dice che quando il *dharma* è in declino e *l'adharma* in aumento, allora, per quanto Lo riguarda, c'è un grande bisogno che Lui scenda personalmente su questo livello di esistenza.

Il verso è il seguente:

"Ogni qualvolta si verifica un decadimento del dharma e un'ascesa dell'irreligione, allora Io mi manifesto. Per la protezione dei buoni, per la distruzione dei malvagi, per una stabile affermazione del dharma, Io nasco in ogni era."

Come nasce? Nasce come noi? Noi nasciamo in questo mondo secondo i frutti delle nostre azioni passate, del nostro *karma*. Non abbiamo scelta. Bhagavan, il Signore, non nasce allo stesso modo. È Lui stesso a dire:

"Sebbene Io sia senza nascita, di natura immortale, e sebbene sia il Signore di tutti gli esseri, vado contro la Mia natura, e nasco grazie alla Mia Maya."

È Lui a scegliere di venire al mondo, per compassione verso le anime individuali e per risollevare o ristabilire il *dharma*.

Perché Dio ama tanto il *dharma?* Deve essere una cosa molto importante. Non è qualcosa che possano fare i Suoi messaggeri; deve venire Lui in persona a ristabilire il *dharma*. Allora, perché è così importante questo *dharma?* Beh, il Creato in sé è una cosa molto misteriosa. Nessuno sa dire perché esiste. Le Scritture dicono soltanto che prima della creazione c'era un solo Essere, *Brahman*. Per quelli di voi che non lo sanno, *Brahman* deriva dalla parola sanscrita *brihat* che significa grande, vasto. Esisteva soltanto questa immensa Infinità, la Coscienza Universale, soltanto Quello, che poi pensò: "Che Io diventi molti." E fu creato l'universo. Quindi, questo universo intero e tutti noi siamo soltanto onde nell'oceano di *Brahman*. Le onde non sono diverse dall'oceano, e non esistono separate da esso. Possono avere un'apparenza individuale – tutti noi sembriamo individui – ma in profondità siamo una cosa sola con quell'Oceano di Intelligenza.

Quindi, dopo che si è manifestato il Creato, che cosa bisogna fare? A che cosa serve? Bhagavan sostiene che il mondo è come una scuola. Ogni vita è come una materia. E l'obiettivo è di prendere la laurea e il master: ciò viene detto *mukti*, liberazione, *moksha*, realizzazione del Sé, visione di Dio. È questo lo scopo dell'esistenza. È questo che ci spinge ad andare avanti, in cerca di felicità, di beatitudine; ma non raggiungeremo mai lo stato di perfetta soddisfazione fino a che non ci fonderemo nella Sorgente, la nostra Sorgente. Ovvero Dio, o il Sé. Tutte le lezioni, tutte le esperienze che attraversiamo nella vita hanno lo scopo di riportarci alla Sorgente. A volte le lezioni devono essere molto dolorose, perché noi abbiamo molte illusioni. Siamo continuamente preda di un'illusione, dell'illusione cosmica, *Maya*. Dobbiamo liberarci dall'illusione, in modo da poterci dirigere nella direzione giusta, in maniera focalizzata. È questo lo scopo delle situazioni difficili: disilluderci e svegliarci dal sogno di *Maya*.

Bhagavan, Dio, si preoccupa del Suo creato. Non sappiamo perché sia stato creato, ma c'è. E colui che l'ha creato se ne interessa, come una madre si interessa della propria famiglia, dei figli. Le Scritture, i saggi, gli *avatar*, esistono per mostrarci la via per raggiungere la meta della felicità. È questa l'importanza del *dharma*, perché il *dharma* è la via. Non basta star seduti e meditare, cantare *bhajan* o fare *satsang*. La vita spirituale deve essere in ogni momento della nostra vita, in ogni pensiero, in ogni parola, in ogni azione. Allora, quando saremo in sintonia con il *dharma*, la nostra mente sarà in sintonia con Dio e noi raggiungeremo l'obiettivo finale della vita. Diventeremo felici. Più saremo in sintonia con il *dharma*, più la nostra mente sarà in pace e noi saremo pieni di beatitudine, ovvero della presenza di Dio. Così dobbiamo indagare: "Che cos'è il *dharma*?" Cosa sia lo comprendiamo dalle Scritture, dai saggi, dai santi e in particolar modo dalla vita degli *avatar* e delle anime realizzate.

L'altro giorno uno di voi ha chiesto: "Gesù era un realizzato, un *avatar*. Quand'era sulla croce, inchiodato alla croce, dev'essere stato molto doloroso, non è vero?"

Siete mai stati punti da uno spillo, o da una spina? Un buchino e vi fa malissimo. Quale dovrà essere stata allora la Sua condizione, con chiodi piantati nelle mani e nei piedi? Fu in quella condizione che disse:

"Padre, perché mi hai abbandonato?"

Dopo una vita intera di devozione, abbandono e fede, come mai in quel momento gli uscirono di bocca quelle parole?

Il lato umano di Dio

Amma ci fornisce la risposta, riferendosi a ciò che fa scendere Dio, o un'anima che ha realizzato Dio, sulla terra.

"Figli, una volta ottenuta la realizzazione, alcuni esseri si fondono con l'eternità. Solo pochissimi ritornano. Chi vorrebbe ridiscendere dopo essere entrato nell'Oceano di Beatitudine? Per poter scendere da quello stato, lo stato da cui non c'è ritorno, è necessario avere qualcosa a cui aggrapparsi, un pensiero ben definito, un sankalpa. Tornano sulla terra soltanto i pochi che riescono a formulare il sankalpa di scendere.

"Questa risoluzione mentale è compassione, amore o servizio disinteressato per l'umanità sofferente. Se non volete ascoltare o rispondere al richiamo di aspiranti sinceri, e alle lacrime di coloro che stanno soffrendo nel mondo, e se volete rimanere nello stato impersonale e non volete essere compassionevoli, lo potete fare. Potete restare là.

"Quando scendete, la vostra volontà crea un sipario, che può essere rimosso in qualsiasi momento, per rendere la vostra permanenza in questo mondo più facile e ininterrotta."

Ovviamente Amma sta parlando per esperienza. Non ha mai letto nessun libro, non ha mai incontrato nessun santo. Parla per propria esperienza interiore.

"Consapevolmente non prestate alcuna attenzione all'altro lato del sipario."

Di quale lato sta parlando? Del lato in cui si è tutt'uno con Dio.

"Di tanto in tanto vai dall'altra parte, ma riesci a tornare indietro. Il semplice pensare o ricordare l'altro lato è sufficiente a trasportarti fin là. Una volta sceso, però interpreti bene il tuo ruolo."

È questa la risposta alla domanda su Gesù: "Interpreti bene il tuo ruolo."

"Dopo esser sceso dallo stato di unione con Dio, interpreti bene il tuo ruolo. Vivi e lavori sodo per elevare l'umanità. Incontrerai problemi, ostacoli, situazioni difficili. Dovrai anche affrontare insulti, scandali e calunnie, ma non ti importa, perché, anche se esteriormente sembri come tutti gli altri, interiormente sei diverso, completamente diverso. All'interno sei una cosa sola con la Verità Suprema. Quindi sei intoccabile e niente ti ferisce. Essendo diventato una cosa sola con la sorgente stessa dell'energia, lavori instancabilmente, guarendo e alleviando le profonde ferite di coloro che vengono da te. Doni pace e felicità a tutti. Il tuo modo di vivere, la tua rinuncia, l'amore, la compassione e l'altruismo ispirano gli altri a voler provare quello che provi tu. Dopo essere scesi, se non vogliono preoccuparsi del mondo, questi esseri pieni di amore e compassione possono anche rimanere nello stato non-duale e fondersi nella Coscienza Suprema. In quello stato non c'è né amore, né mancanza di amore; né compassione, né mancanza di compassione.

"Per poter esprimere compassione ed amore, per servire in maniera disinteressata e per ispirare gli altri a sviluppare queste qualità divine, bisogna avere un corpo. Quando si è assunto un corpo, esso deve seguire il suo corso naturale. Il corpo di un mahatma è diverso da quello di una persona comune. Se lo desidera, il mahatma può mantenere il corpo quanto tempo vuole, senza essere afflitto da malattia e sofferenza. Ma fa consapevolmente attraversare al proprio corpo tutte le esperienze che affrontano gli esseri umani normali. È qui che sta la sua grandezza!"

Osservando la vita di Gesù, o quella di Amma, ad alcune persone sorge un dubbio:

"Se sono divini, allora perché devono affrontare così tanta sofferenza? Se Amma è divina, perché continua a soffrire, persino ora?"

È proprio come quando Gesù era sulla croce e i Farisei ed i Sadducei arrivarono e dissero: "Se sei il Figlio di Dio, scendi dalla croce!" Non ha niente a che vedere con il fatto di essere realizzati! Realizzazione di Dio significa che si è identificati con Dio dentro di sé, e che c'è un luogo dentro di sé che non è turbato da niente, né dal dolore, né da una sofferenza atroce. E quel luogo è sempre calmo, non cambia mai. È il centro del loro essere. Ma, come dice Amma:

"Un'anima che ha realizzato Dio dona il proprio corpo al mondo, e questo segue il suo corso naturale. Ma gli si può far compiere cose eccezionali. Krishna non fu forse ferito durante la guerra del Mahabharata? Non combatté diciotto volte contro Jarasandha, re crudele e potente? Infine, Krishna lasciò diplomaticamente il campo di battaglia. Avrebbe potuto uccidere Jarasandha, se avesse voluto, ma non lo fece. Ricordate, fu una freccia scoccata da un comune cacciatore a mettere fine alla vita di Krishna in questo mondo. Gesù fu ucciso sulla croce. Entrambi avrebbero potuto evitare gli eventi che misero fine al loro corpo, ma lasciarono che tutto seguisse il suo corso naturale. Lasciarono che la vita li trasportasse. Scelsero di essere com'erano, e lasciarono che gli eventi avessero luogo.

"Erano disposti ad abbandonarsi. Tuttavia, ciò non significa che per loro il naturale corso degli eventi sia inevitabile come lo è per gli esseri umani normali. Non è così. Se avessero voluto, avrebbero potuto evitare tutte le esperienze amare. Essendo onnipotenti, avrebbero potuto facilmente distruggere i loro nemici, ma essi vollero dare l'esempio. Vollero dimostrare al mondo che è possibile vivere secondo i più alti valori,

*pur dovendo affrontare tutti i problemi degli esseri umani.
Tuttavia, ricordatevi che se si presenta una circostanza in
cui è necessario infrangere una legge di natura, essi sono in
grado di farlo."*

Questo è ciò che dice Amma sulla natura delle anime realizzate;
che esse scendono grazie alla compassione. Sotto molti aspetti
vivono come comuni esseri umani. Se necessario, sono in grado
di trascendere le leggi di natura, come fece Gesù più volte. Tutti
i miracoli che compì non furono certo cose di poco conto. E le
sue parole: "Padre, perché mi hai abbandonato?", forse furono
pronunciate per quelli di noi che, in preda a un grande dolore o
sofferenza, la pensano allo stesso modo. Per farci capire che non
è un atteggiamento imperdonabile, e che non è grave pensarla
così quando si soffre molto. Lo disse persino Gesù. Per cui, in
quell'occasione, Gesù rivelò tutta la sua umanità, tutto il suo essere
umano; non fu una debolezza. Fu per compassione che gli uscirono quelle parole di bocca. Infatti, subito dopo, che cosa disse?

"Perdona loro, perché non sanno quello che fanno."

Non è che in quel momento Gesù perse il controllo di sé. Potremmo dire che ogni cosa fu spontanea e intenzionale, e secondo la
Volontà Divina. Qualsiasi cosa faccia e dica una Persona Divina
è sempre per il bene dell'umanità.

Poiché lo scopo di un *avatar* è di dare i propri insegnamenti
al mondo, di ispirare devozione verso la propria persona come
metodo per creare negli uomini amore per Dio, ho pensato che
potremmo leggere alcune parole di Gesù. L'anno scorso mi sono
stupito nel sentire che molte persone non hanno mai letto niente
del Nuovo Testamento. A dire la verità, prima di andare in India
non avevo letto il Nuovo Testamento nemmeno io.

Parole di Gesù

Ogni parola, ogni singola parola è una gemma. Ogni parola è un insegnamento spirituale. Gli insegnamenti che Gesù diede ai suoi discepoli sono le gemme più preziose, sono diamanti. Abbiamo il vasto pubblico, poi ci sono i devoti, e poi i discepoli. Sono i discepoli a ricevere la verità distillata, non diluita. E ci sono nella Bibbia molte sezioni in cui Gesù parla con i discepoli.

La versione della Bibbia da cui leggo è quella anglo-americana in lingua corrente. Chi di voi ha letto le versioni tradizionali, non si stupisca. Questa è facile da capire per tutti.

Vedendo che c'era tanta gente, Gesù salì sul monte, con i suoi discepoli. Si sedette, i suoi discepoli si avvicinarono a lui ed egli incominciò ad istruirli con queste parole:
"Beati i poveri di spirito, perché loro è il Regno dei Cieli."

È bene chiarire alcuni termini. Innanzitutto, "Regno dei Cieli", nella vita spirituale significa "Coscienza di Dio". Non è un luogo lontano da qualche parte in un altro mondo, milioni e miliardi di chilometri da questo universo fisico. Il "Regno dei Cieli", come dice Gesù, "è dentro di voi". È uno stato di coscienza. Quando la mente diventa completamente calma, allora la Realtà interiore che è nascosta dai pensieri incomincia a splendere e ci si sente in paradiso. Significa che si è felici e in pace. Ci si sente in cielo. È questo che intende Gesù quando dice "il Regno dei Cieli".

Inoltre, spesso si riferisce al Padre: "Mio Padre mi ha mandato", "io e il Padre siamo uno". Quando parla del Padre, si riferisce alla Coscienza Suprema, l'Essere Assoluto, Satcidananda, l'Oceano di Consapevolezza, la Sorgente della Vita, la Sorgente di noi stessi e di tutta la nostra consapevolezza, la Sorgente del mondo. È questo che viene detto "Padre". Non è che il Padre sia un uomo, un omone con la barba, o senza barba. Il Padre è la Realtà, la Realtà impersonale.

È interessante inoltre notare che Amma, quando era bambina, andò per qualche anno a scuola in un convento ed era solita sedersi nel cimitero tra le tombe. Amma ha detto che in quelle occasioni molte anime che avevano lasciato il corpo le venivano vicino e Amma le confortava. Amma era solita entrare nella cappella per guardare l'immagine di Gesù. Rimaneva lì ferma e diceva: "Non sei morto. Lo so che non sei morto!" E Amma ci ha detto che quando Gesù parla del "Padre" si riferisce, per quanto strano possa sembrare, a Shiva. Amma sentiva che Gesù era un devoto di Shiva, proprio come Amma è una devota della Devi e di Krishna. Anche se qualcuno è un Essere Divino, quando scende su questo mondo ha comunque un oggetto di devozione, o per essere d'esempio agli altri, oppure semplicemente perché è una cosa innata in lui. Quindi, così come il Dio di Amma erano la Devi e Krishna, Amma sentiva che Shiva era il Signore di Gesù.

Esistono molte teorie che affermano che Gesù si recò in India durante gli "anni mancanti". La Bibbia tace sulla vita di Gesù dopo i dodici anni di età. Non dice più niente fino a quando non riappare all'improvviso intorno ai trent'anni. Sono stati scritti molti libri che ipotizzano che Gesù sia stato in India, in Tibet, in Egitto, in un sacco di posti. Beh, non possiamo certo provare niente in modo definitivo, ma per me Amma è un'autorità. Amma parla per esperienza, e dice che quando Gesù dice "Padre" intende Shiva.

"Beati coloro che soffrono, perché saranno consolati. Beati gli umili, perché il mondo intero appartiene a loro. Beati i giusti, perché Dio esaudirà i loro desideri. Beati i misericordiosi, perché riceveranno misericordia. Beati i puri di cuore, perché vedranno Dio."

Questo è l'insegnamento più importante di tutta la Bibbia, Vecchio e Nuovo Testamento: se la nostra mente è pura, vedremo

Dio. Se non vediamo Dio, allora dobbiamo purificare ancora un po' la nostra mente. Che cosa significa "purezza"? Assenza di pensieri è purezza. Più pensieri ci sono e più la mente manca di purezza. Quindi, lo scopo della meditazione, ovvero lo scopo della vita spirituale, è di ridurre i pensieri in modo che possa risplendere il Reale.

"Beati coloro che lottano per la pace, perché saranno chiamati figli di Dio. Beati coloro che sono perseguitati ingiustamente, perché loro è il Regno dei Cieli. Beati siete voi quando vi insultano, perseguitano e calunniano perché avete creduto in me. Siatene lieti e gioite, perché Dio vi ha preparato in cielo una grande ricompensa; infatti, prima di voi, anche i profeti furono perseguitati."

Quindi, sfortunatamente, il mondo non comprende lo Spirito. Lo Spirito comprende il mondo. Questa è, potremmo dire, l'essenza di quanto ha appena detto Gesù. Tutte queste qualità non sono qualità che le persone del mondo vogliono. Le persone del mondo non vogliono soffrire. Non vogliono essere umili. Non vogliono perdonare ed essere misericordiosi. Questo è un mondo aggressivo. Un mondo competitivo. Se non esci fuori a prenderti quello che vuoi, sarai lasciato indietro. È questo il principio del mondo, il principio dell'ignoranza spirituale, di *maya*. Non è il principio della spiritualità, di chi ha realizzato Dio o dei *mahatma*. Gesù sta parlando di princìpi spirituali. Sono difficili da mettere in pratica, specialmente quando si vive nel mondo. Ecco dove sta l'importanza dei *satsang*, della lettura delle Scritture: nel farci trovare le idee giuste, perché il mondo non ce le darà.

"Siete voi il sale del mondo."

I santi, i saggi, rendono il mondo un bel posto. Altrimenti il mondo non è un granché.

"Ma se il sale perde il suo sapore, come si potrà ridarglielo? Ormai non serve più a nulla; non resta che buttarlo via, e la gente lo calpesta. Voi siete la luce del mondo. Una città costruita sopra una montagna non può rimanere nascosta. Non nascondete la vostra luce; fate che risplenda dinanzi agli uomini, perché vedano il bene che voi fate e rendano lode al Padre vostro che è nei Cieli."

"Non pensiate che io sia venuto per abolire la legge di Mosè e l'insegnamento dei Profeti. No, io non sono venuto per abolirla, ma per compierla in modo perfetto. Perché vi assicuro che, fino a quando ci saranno il cielo e la terra, nemmeno una parola sarà cancellata dalla legge di Dio fino a quando tutto non sarà compiuto. Perciò chi disubbidisce al più piccolo dei comandamenti e insegna agli altri a fare come lui, sarà il più piccolo nel Regno dei Cieli. Ma coloro che mettono in pratica le leggi di Dio e le insegnano agli altri, saranno grandi nel Regno dei Cieli."

Che cosa sta dicendo Gesù? Che le persone spirituali sono in verità il "sale", l'essenza del mondo. Sono loro a fare del mondo un luogo felice. Come sapete, quando arriviamo da Amma proviamo una grande felicità, una felicità unica che non deriva da niente di materiale. È questo il significato. In presenza di una persona spirituale c'è una beatitudine unica, una felicità che non si può proprio trovare nel mondo. Quindi essi sono il sale, l'essenza del mondo. E tali persone, come dice Amma, non dovrebbero nascondersi. Questo è esattamente ciò che afferma Amma in quello che abbiamo letto prima. Che una persona simile, che ritorna dalla Coscienza Divina, dovrebbe avere compassione e mescolarsi con il mondo. È questo il vero *mahatma*!

"La legge di Mosè impone di non uccidere. Se uccidi, sarai giudicato in tribunale. Ma io vi dico: anche se uno si arrabbia soltanto con suo fratello, sarà giudicato. E chi chiama 'idiota' suo fratello sarà portato dinanzi al tribunale. E se lo maledice, può essere condannato al fuoco."

Qui Gesù fa un passo avanti. Dice che non sono soltanto le azioni fisiche ad essere importanti. Anche le piccole cose sono importanti. Anche le cose che facciamo con la mente sono importanti. Questo è un insegnamento spirituale più profondo, più sottile.

"Se stai portando la tua offerta all'altare di Dio e ti ricordi che tuo fratello ha qualcosa contro di te, lascia lì l'offerta e va' a far pace con tuo fratello; poi torna e presenta la tua offerta a Dio.
"Accordati in fretta con il tuo nemico prima che sia troppo tardi e ti trascini in tribunale.
"La legge di Mosè dice: 'Occhio per occhio, dente per dente'. Ma io vi dico: non vendicatevi contro chi vi fa del male. Se vi danno uno schiaffo sulla guancia destra, porgete anche la sinistra. Se vi trascinano in tribunale e vi portano via la camicia, lasciategli anche il mantello. Se i soldati vi ordinano di trasportare il loro carico per un chilometro, camminate con loro per due chilometri. Donate a coloro che vi chiedono, e non voltate le spalle a chi vi chiede un prestito.
"Sapete che è stato detto: 'ama i tuoi amici e odia i tuoi nemici'. Ma io vi dico: amate anche i vostri nemici, pregate per quelli che vi perseguitano. Facendo così diventerete veri figli di Dio, perché egli fa sorgere il sole sui cattivi e sui buoni, e piovere sui giusti e sugli ingiusti. Se amate soltanto quelli che vi amano, che merito avete? Anche i malvagi si comportano così. Se salutate solamente i vostri amici, siete forse meglio degli altri? Anche quelli che non conoscono Dio si comportano

così. Ma voi dovete essere perfetti, com'è perfetto il Padre vostro che è nei Cieli."

Questa è la meta finale, diventare una cosa sola con Dio. Niente di meno. Dobbiamo diventare perfetti. Per la maggior parte di noi, nella condizione attuale, è del tutto inimmaginabile essere perfetti. "Essere perfetti" non significa non fare piccoli errori quando non si capiscono le cose. Perfetti significa che la nostra condotta e i nostri pensieri sono sempre in accordo con il *dharma*; che la nostra mente è sempre in una condizione perfettamente pulita. È limpida come il cielo. Se vogliamo pensare, possiamo pensare, ma non siamo alla mercé della mente. Possiamo spegnerla, o usarla come vogliamo. Con una mente così, tutto sarà perfetto. In una mente simile, risplenderà la conoscenza perfetta.

Namah Shivaya!

Natale e il Cristo Mistico – 2

"Attenti a non fare il bene in pubblico per il desiderio di essere ammirati dalla gente; altrimenti non avrete altra ricompensa. Quando date qualcosa ai poveri, non fate come gli ipocriti che lo fanno sapere a tutti, al tempio e per le strade, per essere lodati dagli altri. Io vi assicuro che questa è la loro unica ricompensa. Invece, quando fate del bene a qualcuno, fatelo in segreto. Che la mano sinistra non sappia ciò che fa la destra. E vostro Padre, che conosce ogni segreto, vi ricompenserà."

Ognuno di questi è un insegnamento spirituale. In verità, Gesù pronuncia solo parole puramente spirituali. Alcuni dei suoi insegnamenti sono sulla fede, altri sulla devozione, altri sulla rinuncia, altri sull'amore. Leggiamo alcune sue parole a proposito della rinuncia; ma prima vi voglio raccontare una storia.

San Francesco d'Assisi incontra il Papa

Molti di voi avranno letto la vita di San Francesco d'Assisi. Egli era un vero seguace dell'ideale della rinuncia professato da Gesù. Riteneva che, se voleva essere un discepolo di Gesù, avrebbe dovuto vivere nel modo indicato da Gesù nelle Scritture, nella sua vita e nelle sue parole. Persino oggi potremmo essere discepoli di Gesù; in verità è proprio questo il punto: diventare discepoli di un essere realizzato, non soltanto devoti. Quindi, San Francesco era un vero discepolo. E che cosa fece? Lasciò ogni cosa e si abbandonò completamente alla volontà di Dio. Conduceva una vita così semplice! Soltanto le necessità di base: cibo semplice, abito molto semplice. Semplice significa in realtà più che semplice: indossava qualcosa che assomigliava a un sacco di juta!

Oggi sono dovuto uscire e sono passato vicino ad un posto in cui la gente stava facendo shopping. Mi è sembrato molto strano, perché Natale, per me, significa pensare a Gesù e ad una vita di rinuncia. I suoi discepoli camminavano, senza preoccuparsi del domani o nemmeno dell'oggi, di che cosa avrebbero mangiato, dove avrebbero dormito, che cosa avrebbero indossato. E adesso, invece, tutte queste persone corrono a destra e sinistra a comprare tutti i prodotti dei supermercati che senz'altro non possono essere definiti delle necessità. Vedere tutto questo mi ha fatto una sensazione molto strana.

San Francesco era un vero santo. Amma ogni anno ha un programma ad Assisi, proprio il luogo in cui lui viveva. Anche se è vissuto centinaia di anni fa, la sua presenza si sente ancora. Amma dice che San Francesco era un essere realizzato. Questo è un commento molto raro da parte di Amma. Non dice spesso cose simili. Molte persone chiedono l'opinione di Amma su santi e saggi, e Amma si limita a sorridere o non dice niente. Ma dire una cosa così positiva è davvero insolito per Amma, a meno che ovviamente la persona non sia davvero speciale.

Sembra che un giorno san Francesco si recò a Roma. Perché? Aveva costruito una chiesa con le sue stesse mani e con alcuni suoi amici e seguaci. Il vescovo del luogo e i responsabili della chiesa della città divennero molto gelosi. Mentre Francesco era lontano, andarono e bruciarono la chiesa, e in quella circostanza morì uno dei fratelli spirituali di Francesco. Quindi Francesco pensò di aver fatto qualcosa di molto grave. Pensava che forse la sua impresa di ricostruire la chiesa, la sua rinuncia, e tutto il resto erano stati soltanto uno sbaglio, visto che uno dei suoi fratelli era morto in modo tanto innaturale. Decise allora di recarsi dal Papa. Pensava che il Papa fosse il rappresentante di Dio, e che quindi sapesse tutto. Sarebbe stato certamente in grado di dirgli se aveva fatto la cosa giusta o quella sbagliata. Quindi Francesco si recò a Roma.

A piedi! Non so esattamente quanto disti Roma da Assisi. Qualcuno di voi lo sa? È comunque molto lontano, se sei scalzo, vestito con un sacco di juta, ed elemosini il cibo. Non è come noi, saliamo in macchina, andiamo a cento all'ora, ci fermiamo al ristorante… ecco il nostro pellegrinaggio. No! Al freddo, sotto la pioggia, scalzi… a volte senza riuscire a raggiungere il prossimo villaggio prima di notte, senza mangiare, due giorni, tre giorni…

Arrivò a Roma con alcuni suoi fratelli e riuscirono in qualche modo ad ottenere un'udienza dal Papa – questi mendicanti. Erano davvero mendicanti, ma i mendicanti di Dio. I discepoli di Cristo. Mendicanti.

Arrivarono dal Papa e videro tutto questo incredibile splendore. Siete mai stati al Vaticano? Io ci sono stato da ragazzo. È incredibile! La grandiosità! La bellezza! La vastità! L'opulenza! È questa la cosa che impressionò San Francesco, l'opulenza. Non riusciva ad accettarla. Non riusciva a crederci perché non aveva niente a che vedere con Gesù.

Entrò, e continuava a guardarsi intorno. E c'erano il coro, la musica, e centinaia, migliaia di persone. E il Papa era seduto in punta, su di un trono. San Francesco incominciò a leggere una richiesta che gli aveva dato chi aveva organizzato l'udienza. E tutti li guardavano tappandosi il naso, e pensavano: "Che cosa fanno qui questi sporchi mendicanti? Come hanno fatto ad entrare?" Anche il Papa li osservava con occhio scettico. Cosa successe? San Francesco non riuscì a leggere questo documento già redatto. Lo gettò a terra e incominciò a citare le Scritture, le parole di Gesù. Ecco alcune delle parole di Gesù che vi volevo leggere, e che mi hanno fatto venire in mente questa storia:

"Non accumulate ricchezze in questo mondo. Qui i tarli distruggono ogni cosa e i ladri vengono e por-tano via. Accumulate piuttosto le vostre ricchezze in cielo, dove i tarli e i ladri non arrivano. Perché, dove sono le vostre ricchezze, là è il vostro cuore!"

Quindi Francesco incominciò a citare Gesù. E al Papa, penso si trattasse di Innocenzo III – e aveva in effetti un po' d'innocenza – queste parole entrarono dritte nel cuore; scese dal trono! Quando gli altri sentirono Francesco parlare in questo modo, corsero tutti da lui e incominciarono a gridare: "Che insulto! Perché parla in questo modo?"

Ciò che stava dicendo erano parole di Gesù! Non è che Francesco stesse citando qualcun altro, o si stesse inventando tutto, o insultando, o cose simili. Erano le parole del fondatore di quella chiesa immensa! Beh, la gente non capì. Lo presero e lo arrestarono. Tutti i preti lo stavano spingendo fuori dalla porta, quando il Papa disse:

"Fermatevi! Riportatelo indietro!"

Lo riportarono indietro, il Papa si avvicinò e disse: "Ero anch'io come te quando ero giovane. Ero pieno del desiderio di vedere Dio, di vivere la vita che Gesù aveva detto ai suoi discepoli di vivere. Ma, in un modo o nell'al-tro, sono rimasto incastrato in tutta questa politica! Sono contento di vedere la tua innocenza."

Che cosa fece? Stiamo parlando di un Papa di ottan-t'anni e di un mendicante di venti. Il Papa si inginocchiò, appoggiò la testa sui piedi di Francesco e pianse. E gli altri nella chiesa pensavano:

"Oh, Dio, che cosa succederà?"

E un uomo intelligente disse:

"Non preoccupatevi! Il Papa sa quello che fa. Se dimostra un rispetto così a questo pover'uomo, farà ritornare di nuovo tutti i poveri alla Chiesa."

Ma certo, quella non era l'intenzione del Papa. Non era così contorto; era innocente. Poi si rialzò, tornò indietro e con riluttanza si sedette sul trono. San Francesco se ne andò e ritornò alla sua piccola chiesa ad Assisi.

"Se i tuoi occhi sono buoni, tu sarai totalmente nella luce. Ma se i tuoi occhi sono cattivi, sarai immerso nelle tenebre. E come saranno cupe quelle tenebre!"

Occhi? Che cosa significa avere gli "occhi buoni"? Vuol dire che, a seconda delle condizioni della vostra mente, così vedete le cose attraverso gli occhi. Se la vostra mente è piena di Dio, vedete Dio in ogni cosa. Un ladro vede ovunque l'opportunità per rubare, qualcosa da rubare. Un brava persona vede in ogni cosa l'occasione per fare del bene. Quindi tutto ciò che vedete dipende dal vostro atteggiamento mentale. Gli occhi sono proprio come finestre attraverso cui tutto arriva alla mente, e lì viene poi interpretato; in un certo senso come occhiali da sole. Se avete degli occhiali con lenti verdi, vedete tutto verde. Quindi, se nella mente avete delle buone qualità, tutto è buono. Non c'è un proverbio che dice la stessa cosa?

Yudhisthira era il fratello maggiore dei Pandava, i famosi Pandava parenti di Sri Krishna. Si diceva che non fosse mai nato un nemico a Yudhisthira. Non aveva nemici. Ma sembrava avere moltissimi nemici! In verità, nel-la guerra del *Mahabharata*, in cui vennero uccisi milioni di persone, la metà, tre quarti di queste persone, erano nemici di Yudhisthira! Cercavano tutti di ucciderlo. Ma le Scritture dicono che "non aveva nemici" perché, per quanto lo riguardava, nessuno era suo nemico. Considerava tutti suoi amici. Poiché la sua mente era tanto pura, non considerava mai nessuno un nemico, quindi non aveva nemici! Era un innocente. Questa è detta purezza mentale, oppure "occhi buoni". Una persona così gode sempre della protezione di Dio.

La rinuncia e l'uomo che non temeva le zanzare

"Nessuno può servire due padroni."

Questo è l'insegnamento di Gesù sulla rinuncia. È quello di cui stiamo parlando.

"Nessuno può servire due padroni: perché o amerà l'uno e odierà l'altro, oppure preferirà il primo e disprezzerà il secondo. Non potete servire Dio e il denaro. Perciò io vi dico: non preoccupatevi troppo del mangiare, del bere e dei vestiti. Non è forse vero che la vita è più importante del cibo e che il corpo è più importante del vestito? Guardate gli uccelli. Essi non si preoccupano di cosa mangiare. Non seminano, non raccolgono, non mettono il raccolto nei granai, eppure il Padre vostro li nutre. Ebbene, voi non valete forse più di loro? "E chi di voi, con tutte le sue preoccupazioni, può vivere un giorno in più di quel che è stabilito? Anche per i vestiti, perché vi preoccupate tanto? Osservate come crescono i fiori di campo: non lavorano e non si fanno i vestiti… eppure vi assicuro che nemmeno re Salomone in tutta la sua gloria ha mai avuto un vestito così bello. Se dunque Dio rende così belli i fiori di campo, che oggi ci sono e domani non più, a maggior ragione procurerà un vestito a voi, gente di poca fede!"

Quindi non preoccupatevi assolutamente di non avere cibo e vestiti a sufficienza.

"Non fate come i pagani, che cercano e si preoccupano di queste cose. Il Padre vostro che è nei cieli sa perfettamente che avete bisogno di queste cose. Cercate il regno di Dio e fate la sua volontà: tutto il resto Dio ve lo darà in più."

Queste non sono solo parole. Sono l'esperienza di ogni sincero rinunciante. È molto difficile riuscire ad avere un tale slancio per rinunciare a tutto e fidarsi di Dio. Ma tutti coloro che l'hanno fatto hanno sperimentato la protezione di Dio.

Conoscevo una volta una persona che aveva rinunciato a tutto. Non possedeva altro che due *dhoti*[3], di cui uno piuttosto grande, in modo da potersi coprire anche la parte superiore del corpo. Quando faceva il bagno ne lavava uno e indossava l'altro. Aveva fatto il voto che non avrebbe chiesto niente a nessuno. E che avrebbe trascorso la vita camminando da un luogo sacro all'altro. L'India è piena di luoghi sacri e di templi fondati da saggi e santi. Aveva deciso di passare venticinque anni della sua vita così. In ogni luogo sacro faceva la sua *sadhana*, meditava, si recava al tempio, partecipava alle *puja*. Camminava sempre – non prese mai un mezzo di trasporto in venticinque anni! Si recò fino all'Himalaya, dove fa davvero freddo. Riuscite ad immaginare di uscire fuori soltanto con una maglietta e un paio di pantaloncini, e dormire così? Per quanto? Non soltanto per qualche ora... per venticinque anni!

Una volta eravamo nella stessa stanza, e di notte c'erano tantissime zanzare! Non ho mai visto zanzare così! Erano enormi! E dovevano esserci perlomeno quindicimila zanzare in una stanza grande come questa! Sembrava che ci fosse una recitazione di canti vedici! Avete mai sentito quando dei brahmini si riuniscono per recitare i Veda, o per cantare i *bhajan*, quanto sono assordanti? Qui era lo stesso: i canti delle zanzare. Io non riuscivo a sopportarlo! Qualcuno mi diede una zanzariera, ed io mi coprii per bene. Ero abbastanza tranquillo, ma due o tre zanzare si erano infilate sotto la zanzariera e mi stavano facendo impazzire. Mi

---

[3] Tipico abbigliamento indiano maschile, costituito da un telo che ci si lega intorno alla vita.

stavo davvero infuriando! Le cercavo con la pila, e una volta che le avessi trovate le avrei ammazzate tutte!

E cosa faceva lui? Era sdraiato su una tavola di legno, senza zanzariera, senza coperta, senza cuscino, senza niente. Io avevo un materasso, un cuscino, una coperta, tutto. Tutto quello che lui aveva era l'altro dhoti. Si coprì semplicemente con quel telo, un sottile telo di cotone, come una garza, niente di più. E dormì in pace! Dovevano averlo mangiato vivo! Ma a lui non importava. Circa alle due del mattino si alzò e, seduto tra tutte quelle zanzare, si mise a recitare "Ram! Ram! Ram! Ram!", fino alle sei o alle sette del mattino. Quando lo osservai da vicino la mattina, immaginavo che sarebbe stato coperto di sangue. Ma invece non aveva nemmeno una puntura di zanzara. Si era talmente abbandonato alla volontà di Dio che Dio si prendeva cura di lui. Non morì mai di fame. Dopo venticinque anni era ancora vivo. Certo era magro, ma magro non significa debole. Era molto forte.

E quando sentiva dei *bhajan* – era una cosa bellissima a vedersi – entrava in estasi. Si alzava. Non riusciva a controllarsi. Incominciava a danzare, a correre, a urlare, a gridare, a ridere. Cadeva a terra, ridendo, perché aveva rinunciato a tutto eccetto che a pensare a Dio. Quindi, quando sentiva dei *bhajan*, la sua mente andava lì. Si fondeva in Dio, e Dio è beatitudine. Dio non è un concetto astratto e austero. Dio è l'essenza della beatitudine. Quindi quest'uomo si fondeva nella beatitudine, nell'estasi.

Gesù e l'uomo ricco

Quindi, più abbiamo questo tipo di fede, di fiducia, di rinuncia alle cose non necessarie… Ma ciò non significa che dovremmo andare per forza tutti in giro per l'America per venticinque anni indossando soltanto un dhoti, o qualcosa del genere. Dovremmo però cercare di minimizzare, di non avere cose non necessarie. Quante paia extra di scarpe o di capi di abbigliamento, e questo e quest'altro, ha ogni persona? È incredibile! Tenete soltanto il necessario, e date via tutto il resto. Non ne avete bisogno. Anche i soldi. Di quanti soldi avete bisogno? Tenete quello di cui avete bisogno, e date via il resto! È questo che Gesù disse quando l'uomo ricco andò da lui.

> *"Un tale si avvicinò a Gesù e gli chiese: 'Buon Maestro, cosa devo fare per avere la vita eterna?'"*

Insomma, qualcuno venne e domandò: "Cosa devo fare per raggiungere la realizzazione del Sé, la liberazione, *mukti*?" Non avrebbe dovuto chiederlo. *(risata)* Non chiedete qualcosa ad una persona che ha realizzato Dio a meno che non siate pronti per la risposta. Davvero, seriamente. È meglio non chiedere, se non siete pronti a seguire il consiglio.

Il giovane pensava che sarebbe stato qualcosa di semplice: va a meditare per cinque minuti, diventa vegetariano, o cose simili. Ma cosa disse Gesù?

> *"Perché mi chiami 'buono'? Dio solo è buono. Ma se vuoi entrare nella vita eterna, ubbidisci ai comandamenti."*
> *"Quali?", chiese l'uomo.*
> *Gesù rispose: "Non uccidere; non commettere adulterio; non rubare; non dire il falso; rispetta tuo padre e tua madre; ama il prossimo tuo come te stesso."*
> *"Ho sempre ubbidito a questi comandamenti; che cosa mi manca ancora?"*

Quindi, lui faceva già tutto questo, eppure non aveva ancora la vita eterna. Cosa faceva di sbagliato?

> *E Gesù gli rispose: "Se vuoi essere perfetto, vendi tutto quello che hai e il ricavato dallo ai poveri; così avrai un tesoro in cielo. Poi vieni e seguimi."*

Ma dopo aver ascoltato queste parole, il giovane se ne andò via con un'aria triste, perché era molto ricco. Allora Gesù disse ai suoi discepoli: "Vi assicuro che difficilmente un ricco entrerà nel Regno di Dio."

Non significa che c'è qualcuno davanti al cancello del Paradiso che dice: "Sei ricco? Non puoi entrare. Lasciamo entrare soltanto i poveri. È proprio il contrario di quello che succede sulla Terra." No. Significa che, se la mente è impegnata con cose terrene, come fate a pensare a Dio?

Oppure, dal punto di vista dello *jnana*, del sentiero della conoscenza, se la vostra mente è sempre diretta all'e-sterno, come fate a farla dimorare nel Sé? Come fate ad avere una mente tranquilla che rifletta la luce del Sé? Il novantanove per cento delle persone ricche sono ricche perché vogliono esserlo. Quindi la loro mente è diretta lì. Allora come fanno a pensare contemporaneamente a Dio? Naturalmente, c'è un raro gruppo, forse l'uno per cento, che ha molto denaro perché questo era il loro destino, è capitato, e loro non vi sono attaccati. Non sono calcolatori, ma spendono secondo necessità. Potrebbero alzarsi e lasciare tutto in un attimo, non pensarci più neanche per un secondo, e mai voltarsi indietro. Gesù sta dicendo che per i ricchi è quasi impossibile entrare nel Regno dei Cieli. In altre parole, per loro è impossibile meditare profondamente.

"Lo ripeto, è più facile che un cammello passi per la cruna di un ago piuttosto che un ricco entri nel regno di Dio."

Questa osservazione confuse i discepoli, persino i discepoli! Non che loro fossero ricchi, ma pensarono: "Cosa sta dicendo? Significa che nessuno che ha denaro può arrivare alla coscienza di Dio!" Non credo che in realtà pensassero già in termini di coscienza di Dio, non ancora, soltanto in seguito. Ma dissero:

"Ma allora chi potrà mai salvarsi?" Gesù li guardò e rispose:
"Ciò che è impossibile agli uomini, è possibile a Dio."

Quindi, con la grazia di Dio, persino chi è molto attaccato ai soldi potrà raggiungere la realizzazione. Niente è impossibile! In verità, non riusciremo a realizzare Dio soltanto con i nostri sforzi. Ma dobbiamo comunque impegnarci il più possibile e lasciare il resto nelle mani di Dio.

Le parole più importanti di Gesù

C'è qualcuno qui che non conosce la vita di Gesù? In breve, dopo aver parlato con i discepoli e aver compiuto vari miracoli per instillare la fede nelle persone, si impegnò a distruggere chi faceva del male. Questo era uno dei suoi scopi: purificare la società. Non faceva del male alle persone, ma distruggeva il male dentro di loro, in modo che il bambino in loro potesse venire alla luce, il bambino divino, il bambino innocente. Proprio come fa Amma. A quei tempi, avrebbero dovuto essere i Farisei e i Sadducei, i sacerdoti, ad indicare alla gente il modo per realizzare Dio, il sentiero verso Dio. Ma a loro di questo non importava, né di nient'altro di veramente religioso: a loro interessavano di più gli affari. Questo è ciò che disse Gesù:

"Avete trasformato in un mercato la casa del Padre."

Si recò al tempio ed incominciò a rovesciare cose a destra e a sinistra, dicendo:

"Ne avete fatto un covo di briganti...!"

A quei tempi era tutto gestito dai sacerdoti! Tutte quelle persone, poiché non avevano in sé la verità, non riuscirono ad accettare le sue parole, complottarono infine contro di lui e lo trascinarono in tribunale. Fu processato, condannato e giustiziato. Fu crocifisso.

Pare che da tempo, nella terra d'Israele, molti *mahatma* avessero predetto a più riprese che sarebbero successe cose simili. Avevano detto che sarebbe venuto qualcuno, un *avatar*. Lo chiamavano il Messia. E che sarebbe stato il frutto di tutti gli anni, di tutta la vita spirituale, religiosa e dharmica di tutte le genti prima della sua nascita. Era stato predetto ciò che sarebbe successo, persino le parole che avrebbe pronunciato. E quando in tribunale gli chiesero: "Sei tu il Messia?" Gesù rispose: "Lo sono".

Ma loro non riuscirono a digerirlo, ad accettarlo, ed infine lo crocifissero. E alla fine Gesù disse:

"Padre, perdona loro perché non sanno quello che fanno."

Amma dice che noi dovremmo avere un atteggiamento simile, e sviluppare le stesse qualità. Gesù aveva il potere di rettificare gli eventi, di proteggersi, ma non lo fece. Sottolineò invece l'importanza del perdono, della misericordia e della compassione.

Le ultime parole di Gesù furono davvero la cosa migliore che potesse dire. Era proprio quello che doveva dire. Ed è ciò di cui noi ci dobbiamo ricordare, perché è vero non solo per Gesù, ma per qualsiasi *avatar*, per qualsiasi essere divino. È ciò che ci dà la forza di andare avanti, ci conforta, ci dà la consolazione e la fede che, qualsiasi cosa succeda, il nostro *avatar*, il nostro Dio, è con noi.

Dopo essere stato ucciso, dopo tre giorni, risuscitò il corpo, lo riportò in vita, e questo è un gioco da ragazzi per una persona simile. Andò dai suoi discepoli, i suoi figli, parlò con loro, e questo è ciò che disse prima di andarsene:

"E sappiate che io sarò sempre con voi, tutti i giorni, sino alla fine del mondo."

Namah Shivaya.

Il distacco – I

Abbiamo letto il canto di Amma 'Omkara Divya Porule' che tratta della filosofia del Vedanta, o Advaita. Questa filosofia afferma che noi non siamo il corpo, che il corpo muore ma noi no, e che la beatitudine che ricerchiamo continuamente, ogni giorno, ogni momento della nostra vita, non è all'esterno, ma è l'Atma, il nostro vero Sé.

Non è stata Amma a scrivere questi versi; un brahmachari ha composto il canto trascrivendo le parole, gli insegnamenti di Amma.

C'è un verso, di cui abbiamo parlato la settimana scorsa. Ve lo leggo:

Tyagam manassil varanyal kurum tapam varum mayamulam
A satiraikiloklesam varum sarva nasam varum buvil arkum.

Significa che se la mente non conosce la rinuncia, si sperimenteranno grandi sofferenze a causa di *maya*, l'il-lusione. Se il desiderio non viene sradicato ne risulterà del dolore, che culminerà nella completa rovina di chiunque a questo mondo.

La storia di Bhartrihari

Mentre analizzavamo questo verso, vi stavo raccontando la storia di un *mahatma* di nome Bhartrihari. Era un grande devoto, e anche un re. Non era un monaco o un rinunciante. Un saggio andò da lui e gli diede un frutto, dicendo: "Se mangi questo frutto, diventerai immortale, o almeno vivrai molto a lungo."

99

Il re diede questo frutto alla regina, che era la sua favorita. La regina lo diede al suo amante. L'amante lo diede alla sua ragazza. La ragazza al suo fidanzato. In questo modo, il frutto approdò infine in città, tra le mani di qualcuno. Questa persona pensò di non essere degna di un tal regalo, e ritenne che la persona più adatta a ricevere questo dono fosse il re. Andò a palazzo e offrì il frutto al re. Il re risalì all'origine del tutto e scoprì che sua moglie non gli era fedele.

L'essersi reso conto improvvisamente che colei che riteneva il bene più prezioso, ovvero la moglie, non gli era fedele, e che il cosiddetto amore di lei era in realtà superficiale, lo risvegliò dal sonno di *maya*. Incominciò a pensare a cose più importanti. Decise di abbandonare il mondo in cui aveva passato tutta la vita a rincorrere dei sogni. Divenne un *sannyasi*, un monaco, e prese dimora in una caverna, da qualche parte nello stato del Bihar. Compì *tapas* per il resto della vita. E scrisse cento versi sulla rinuncia.

Questo testo sanscrito è detto *Vairagya Satakam*. È un bellissimo testo. Probabilmente non esiste nessun altro libro come questo sulla rinuncia e sul distacco. Nella letteratura tradizionale, la cosa che più ci si avvicina è il *Bhajagovindam* di Sankaracharya, che sviluppa lo stesso argomento della transitorietà del mondo, della natura illusoria della felicità materiale e della grandezza della realizzazione del Sé.

Adesso leggeremo alcuni versi del *Vairagya Satakam*, che non sono affatto diversi dagli insegnamenti di Amma. Potremmo dire che ne sono un approfondimento.

Perché Amma sottolinea così tanto l'importanza della rinuncia? Come abbiamo detto spesso, rinuncia non significa diventare *sannyasi* e ritirarsi nella foresta o vivere in un ashram e compiere *tapas*. Tutti devono praticare un certo grado di rinuncia, anche nella vita quotidiana.

Immaginate di tornare a casa da scuola. Domani avete un esame, ma la vostra mente dice: "Voglio guardare la TV." L'intelletto dice: "No, no, devo studiare o non passo l'esame." Che cosa fate? Seguite quello che vi dicono la mente ed i sensi o quello che vi dice l'intelletto? Se non passate l'esame saranno guai seri, quindi mettete da parte i piaceri momentanei e scegliete il miglioramento a lungo termine. Giusto? Questa si dice rinuncia. La mettiamo in pratica tutti.

Chiunque faccia qualcosa nel mondo, se vuole avere successo deve possedere un certo controllo della mente e dei sensi, perché la natura innata della mente e dei sensi è di vagare. È naturale che ci sembri che la felicità sia all'e-sterno, negli oggetti dei sensi; è l'esperienza di tutti. Ma se lasciamo che i nostri sensi si comportino in modo sfrenato e facciano ciò che vogliono, sarà la nostra rovina. Non avremo alcuna concentrazione. Non saremo in grado di fare niente. Le *Upanishad* fanno l'esempio di una persona che guida un carro tenendo in mano le redini dei cavalli. Se si lasciano andare le redini e si permette ai cavalli di andare dove vogliono, cosa succederà? Si precipiterà giù da un burrone. E ci si farà male. Dobbiamo perciò imparare a tenere le redini e a controllare i cavalli. I nostri sensi sono proprio come questi cavalli. Se non lo impariamo, dovremo soffrire. Non importa chi siamo, non potremo dire: "Non lo sapevo."

È proprio come con il fuoco. Supponiamo che ci sia un fornello a gas acceso, e voi non sapete cos'è il fuoco. Non l'avete mai visto prima. Siete piccoli, magari avete un anno o due. Dite: "Oh, che bello! Che carino!", e mettete un dito nel fuoco. Che cosa succede? Vi bruciate. Non potete dire al fuoco: "Sono soltanto un bambino, non sapevo che mi avresti bruciato. Non avresti dovuto bruciarmi." Lo potete anche dire, se volete, ma al fuoco la cosa non interessa. Le leggi di natura sono tali che a loro non importa di chi le infrange. A loro non importa quanto innocenti o quanto ignoranti siate. Le leggi sono queste. Quindi, ai sensi non importa niente di noi, hanno una loro natura, così come la mente. Ma noi, l'anima, l'*Atman*, dobbiamo imparare a controllarli se vogliamo condurre un'esistenza pacifica, se vogliamo vivere la vita nel modo giusto, e non una vita disordinata.

Amma dice che quando questo autocontrollo raggiunge il massimo grado, la mente è talmente calma e sotto controllo che possiamo arrivare allo stato di conoscenza del Sé. È questo il modo per realizzare la presenza di Dio dal punto di vista della devozione, della *bhakti*. Oppure, se volete fare l'esperienza di chi siete veramente, realizzare che in verità siete l'*Atman* immortale e non il corpo, anche in questo caso la mente deve diventare completamente calma, in modo che l'esperienza possa avere luogo. Questa tendenza della mente a dirigersi verso l'esterno deve essere limitata, sia per il miglioramento materiale che per la realizzazione spirituale.

La storia di Parikshit e dello Srimad Bhagavatam

Molti di voi avranno letto lo *Srimad Bhagavatam*. Contiene molti racconti della vita di Sri Krishna e delle varie incarnazioni del Signore Vishnu, di molti devoti di Vishnu, di vari re. È una storia con molti insegnamenti. Venne narrata ad un re di nome Parikshit, che sarebbe morto dopo una settimana. Gli erano rimasti sette giorni di vita. Scoprì che sarebbe morto dopo sette giorni: era suo destino essere morso da un serpente molto veleno-so. Sarebbe morto senz'altro. Quando sentì questa notizia, vide la vita in modo completamente diverso. Fino a quel momento se l'era spassata. Era un buon re, ma faceva il possibile per godersi la vita, come tutti; quando scoprì che sarebbe sicuramente morto dopo una settimana, cambiò tutto. Si chiese: "A cosa è servito tutto ciò che ho fatto nella vita? A cosa servono il mio regno, la mia famiglia, le mie ricchezze, il mio prestigio, la mia salute, tutte le mie cose? Tra una settimana andrà tutto in malora. Non c'è qualcosa di più duraturo di tutto questo?"

Siccome era una persona spirituale, sapeva che esiste qualcosa di più importante delle cose fuggevoli del mondo – il Sé, l'*Atman*, la visione di Dio. Così, si sedette sulla riva del fiume Gange e incominciò a meditare. Perché? Sapete perché meditiamo? Perché la nostra mente è talmente irrequieta che dobbiamo cercare in qualche modo di calmarla per poter avere la visione interiore. Uno dei metodi è la meditazione. Quando raggiungete lo stadio in cui volete vedere cosa c'è dentro di voi e volete fare l'esperienza della pace, allora il mondo dei sensi diventa per voi una grande distrazione. Molte persone raggiungono questo stadio. A quel punto, che cosa fanno? Imparano delle pratiche spirituali. Incominciano a sentire lo stress a cui le sottopongono i sensi, tutti e cinque, che corrono in cinque direzioni diverse. Sono sempre alla ricerca di stimoli e soddisfazioni. Alcune persone, dopo aver sperimentato attraverso i sensi tutto ciò che desiderano e non aver però provato soddisfazione, comprendono: "Che cosa terribile! I sensi mi stanno lacerando! Persistono anche contro la mia volontà." Questa si dice *vasana*.

Amma fa un esempio di ciò che si intende per *vasana*. Noi prendiamo una decisione: "Non farò più una determinata cosa", ma poi le abitudini passate ce la fanno fare di nuovo. Amma fa l'esempio del cane e dello sciacallo. Ogni volta che lo sciacallo passava da quelle parti, il cane si metteva ad abbaiare. Un giorno il cane decise: "Non sprecherò più il mio tempo in questo modo. Perché dovrei abbaiare allo sciacallo?" Ma quando lo sciacallo passò di nuovo di lì, il cane ricominciò ad abbaiare.

O il gatto – Amma racconta di quel gatto che voleva imparare a leggere e a scrivere. Avete mai sentito parlare di questo gatto? No? C'era una volta un gatto che si era stancato di dare la caccia ai topi. Disse: "Ci dev'essere un modo migliore di guadagnarsi da vivere invece di correre sempre dietro ai topi. E se imparassi a leggere e a scrivere? Potrei forse trovare un impiego, anche se temporaneo." Il gatto s'iscrisse ad un corso per corrispondenza e ricevette un libro. Stava sveglio la notte e alla luce di una candela leggeva le lezioni. Andò tutto bene per circa una settimana. Poi, una notte, passò di lì un topo. Il gatto rovesciò la candela, corse dietro al topo e dimenticò tutte le lezioni. Questa è una *vasana*. Prendiamo una decisione: "Non farò più quella cosa." Poi, quando si presenta la situazione, la rifacciamo. Questa è una *vasana*. Questa è un'altra ragione per coltivare il controllo di sé e la rinuncia, in modo da non dover essere in balìa dei nostri sensi e delle nostre abitudini.

Dunque, questo re stava cercando di meditare, ma non ci riusciva. Quando siete davvero desiderosi di arrivare allo stato di pace interiore, qualunque sia la ragione – sia che abbiate sofferto molto, o abbiate avuto una breve esperienza spirituale, o abbiate incontrato un *mahatma* come Amma – qualunque sia la ragione, quando ne avete un intenso desiderio, l'insegnante arriva. Non avete nemmeno bisogno di andare a cercare un maestro, o un guru. Succederà. Questo incontro deve verificarsi. È una legge di natura, una legge spirituale.

Mentre Parikshit era lì seduto sforzandosi di meditare, arrivò Suka, che era un *mahatma*, un'anima realizzata. E non soltanto lui, ma arrivarono anche altri *mahatma*. Suka diede l'iniziazione a Parikshit in un modo molto insolito: raccontandogli una lunga storia. Gli ci vollero sette giorni per raccontare tutta la storia. Era lo *Srimad Bhagavatam*. E alla fine, Suka disse: "Ti ho raccontato tutto questo sulla natura dell'universo, sulla vita spirituale, la meditazione, la devozione, la saggezza e il distacco soltanto per una ragione: affinché ti venisse un po' di distacco nei confronti degli oggetti sensoriali. Perché soltanto se nasce in te il distacco sarai in grado di provare la pace e la beatitudine dell'anima, dell'*Atman*."

Dopo aver ascoltato queste storie sulla vita di Krishna e sugli *avatar* di Vishnu, Parikshit, in virtù della devozione che era cresciuta in lui, in virtù della serietà conferitagli dall'imminenza della morte, e in virtù delle parole di Suka che gli avevano rivelato la natura del mondo, chiuse infine gli occhi. Dopo sette giorni di ascolto del *Bhagavatam*, strappò il velo dell'illusione: la sua mente pervenne a una perfetta quiete, si fermò. In quella mente ormai calma, vide se stesso, il suo vero Sé. Parikshit perse la coscienza del corpo, la coscienza del mondo. Se non avete coscienza del corpo, non avete nemmeno coscienza del mondo. Ad esempio durante il sonno, quando perdete la coscienza del corpo, il mondo per voi non esiste. Il re perse ogni coscienza esteriore, ma era pienamente cosciente del proprio Sé interiore. Mentre era in quello stato, arrivò il serpente e lo morsicò, ed il suo corpo morì. Ma lui si era già immerso per sempre nella beatitudine dell'*Atman*.

Le parole di Bhartrihari su desiderio e rinuncia

La rinuncia – ovvero l'essere in grado di spegnere la mente e mantenerla perfettamente immobile, cercando di raggiungere la visione interiore – è assolutamente necessaria. La otteniamo attraverso il *satsang*, attraverso la presenza di persone come Amma, o tramite i racconti delle Scritture. Quindi, il *Vairagya Satakam* fu scritto a questo scopo. Naturalmente fu composto da Bhartrihari in seguito alla propria esperienza, ma anche per il bene degli altri.

Ne leggeremo il più possibile nel tempo a nostra disposizione.

"Ogni gloria a Shiva, la Luce della Conoscenza, che dimora nel tempio del cuore dello yogi, che elimina come il sole nascente il massiccio fronte dell'infinita notte dell'ignoranza che oscura la mente umana, che porta con sé ogni prosperità e buon auspicio,

105

che con facilità bruciò Cupido come un insetto, e che appare splendente coi raggi della mezzaluna che Gli adorna la fronte."

L'*ishta devata* di Bhartrihari, il suo Dio, era il Signore Shiva, quindi egli incomincia la sua opera con una preghiera a Shiva. Loda Shiva. Non vi leggerò ogni singolo verso. Sono cento versi, ma ve ne leggerò soltanto una trentina.

"Non ci siamo goduti i piaceri del mondo, ma da loro siamo stati divorati."

Avete mai mangiato troppo? Il cibo aveva un aspetto così delizioso. Ve lo siete gustato, ma non siete riusciti a fermarvi. Che cosa è successo? Ciò che era iniziato come un piacere è finito come un dolore. Giusto? È finito in un mal di stomaco. Questo è ciò che fanno i sensi: la moderazione va bene, ma se non controllate l'acceleratore, per così dire, invece di essere voi a mangiare loro, saranno loro a mangiare voi.

"Le austerità religiose non sono state completate, ma noi siamo stati bruciati. Il tempo non è finito, ma siamo noi ad essere finiti, a causa dell'avvici-narsi della morte. La forza del desiderio non si è ridotta, anche se noi siamo ridotti alla senilità."

Amma dice che – per quanto vecchia sia una persona, anche centenaria – il desiderio ha sempre sedici anni. Soltanto perché una persona è vecchia, non pensate che non abbia desideri. I suoi desideri sono forti come quelli di un ragazzo di sedici anni.

"La faccia è stata attaccata dalle rughe. La testa è stata dipinta di bianco dai capelli grigi. Gli arti si sono indeboliti, ma il desiderio è sempre giovane."

Il corpo sta cadendo a pezzi, ma il desiderio non si indebolisce, perché non può – è questa la sua natura. A meno che non vi diate da fare, non si indebolirà con l'età. Non pensate in questo modo: "Quando avrò ottant'anni, la smetterò con tutte queste cose, mediterò e andrò a vivere in un ashram." Il desiderio non si fermerà, ed è il desiderio a rendere irrequieti i sensi e la mente. Non è una cosa così astratta come potremmo immaginare. Anche se non ha forma, sappiamo che cos'è. E sappiamo cosa fa. È quella forza che fa correre la mente all'esterno.

"Sebbene i miei amici, a me cari come la vita, siano tutti volati via veloci verso il paradiso," (ovvero sono morti) "sebbene l'impulso al divertimento si sia stancato, e il rispetto degli altri sia andato perduto, sebbene la mia vista sia ostruita dalla cataratta e il corpo riesca ad alzarsi lentamente soltanto con un bastone, nonostante ciò – ahimè, la stupidità – questo corpo si spaventa al pensiero della dissoluzione al momento della morte."

Quindi, anche se sto cadendo a pezzi, e tutti i miei amici sono morti, e sono così vecchio che riesco a malapena ad alzarmi con un bastone, tuttavia, quando penso alla morte, tremo.

"La speranza è come un fiume che scorre, di cui i continui desideri costituiscono le acque. È in tumulto con le onde della brama; gli attaccamenti ai vari oggetti sono i suoi animali da preda. I pensieri calcolatori sono gli uccelli, e distrugge nel suo corso i grandi alberi di pazienza e coraggio. È impossibile attraversarlo a causa di vortici di profonda ignoranza. Così com'è, le sue rive di ansiosa preoccupazione sono come precipizi. I grandi yogi dalla mente pura attraversano un tale fiume per godere della beatitudine suprema."

Quando abbiamo un desiderio, ciò che si manifesta subito dopo è la speranza, la speranza di poter soddisfare quel desiderio. Le Scritture ed Amma dicono che tutto questo processo è il lavoro di *maya*. Tutti i santi e i saggi dicono la stessa cosa. L'idea che saremo permanentemente felici grazie a qualcosa di esterno a noi stessi è dovuta all'illusione cosmica detta *maya*. Tutta la nostra vita spirituale consiste soltanto nel cercare di trascendere il potere di *maya*. Se volete prendere il volo, trascendere la forza di gravità, che cosa dovete fare? Se restate qui seduti non succederà un bel niente. Se volete volare, che cosa dovete fare? Prendere un aereo. Se volete andare oltre l'atmosfera, di cosa avete bisogno allora? Di un'astronave. Che cosa fa l'astronave? Deve andare ad una certa velocità, non è vero? Quando raggiunge una determinata velocità di fuga, allora è libera dalla forza di gravità. Quindi, potreste restar qui seduti per sempre, ma la gravità non vi lascerà andare, perché questa è la sua natura. In modo analogo, *maya* non ci lascerà mai andare. Non è che sia crudele o malvagia. Questa è la sua natura, proprio come il fuoco. Il fuoco non è crudele. Ha il suo scopo. Immaginate se non esistesse la forza di gravità. Cosa succederebbe? Galleggeremmo tutti per la stanza, rimbalzeremmo l'uno contro l'altro, e succederebbero un sacco di cose simili. La gravità è necessaria. Ma se per qualche ragione vogliamo trascenderla, allora abbiamo bisogno della velocità di fuga. Dobbiamo raggiungere il punto in cui ne saremo liberi. Allora sarà tutto una caduta libera o un volo libero.

Se vogliamo sfuggire al potere di *maya*, se non vogliamo essere alla mercé di ciò che i nostri sensi ci dicono continuamente, se vogliamo essere liberi dall'illusione che la felicità è possibile grazie a cose temporanee, dobbiamo lottare. Dobbiamo lottare per tutto il tempo necessario finché non riusciremo a sfuggire alla forza di *maya*. Questa è *moksha*, liberazione, realizzazione del Sé. Quanto dobbiamo lottare, e quanto a lungo? È come chiedere: "Per quanto tempo devo volare per trascendere la gravità?" Devi volare finché hai trasceso la gravità.

È questa l'importanza di uno sforzo costante nella vita spirituale, e del riflettere continuamente su queste cose. Questa è la ragione per cui, anche se venite qui tutte le settimane, continuo a ripetere sempre le stesse cose. Non che io abbia trasceso *maya*. Queste cose valgono anche per me, mi rinfrescano la memoria. Ogni volta che leggo cose di questo tipo, ogni volta che mi ascolto ripetere queste cose, mi risveglio alla verità che *maya* cerca sempre di trascinarmi verso il basso, e che mi devo risvegliare. Quindi questi insegnamenti sulla transitorietà del corpo ci scuotono, ci risvegliano. Anche se il corpo invecchia, i desideri non diminuiscono. Qualsiasi cosa io abbia fatto nel mondo, non sono stato felice. La felicità e la beatitudine che ho provato sono dovute solo all'aver migliorato la meditazione e l'autocontrollo. Le parole di Bhartrihari sono il metodo da seguire.

"Gli oggetti del piacere, anche dopo esser rimasti con noi molto a lungo, senz'altro prima o poi ci lasceranno. Perché gli uomini scelgono di perderli in questo modo, invece di abbandonarli consapevolmente?"

Ne parlavamo l'altro giorno. C'è un detto che dichiara: "Non puoi portarlo con te". È un modo di dire per spiegare che quando si muore non ci si porta dietro niente. Si lascia tutto qui. Beh, in verità c'è un modo per "portarselo con sé". Sapete come fare? Con la realizzazione di Dio? Certo, questo è il modo più elevato, ma lo si può fare anche prima di aver raggiunto la realizzazione di Dio. È un segreto, un trucco. Supponete di avere mille dollari che volete portare con voi dopo la morte, cosa dovete fare? No, non sto scherzando. Ciò che dovete fare è darli a qualcuno. Dateli via, perché qualsiasi cosa doniate, è questo che porterete con voi. Non ha senso? Secondo la legge del *karma*, qualsiasi cosa facciate, vi ritornerà indietro. L'unico modo quindi di portare delle cose con sé è di darle via. Poi, al momento giusto, ve le ritroverete. Strano, vero? Ma è così.

Bhartrihari si chiede: anche se sappiamo che non possiamo restare attaccati agli oggetti di piacere, poiché o loro lasceranno noi o noi loro, perché non riusciamo comunque a rinunciarci prima? Se i piaceri ci abbandonano di loro iniziativa, se ci vengono strappati via, ciò provoca un gran tormento mentale. Se qualcuno vi ruba qualcosa, o subite un tracollo negli affari – qualcosa, o tutto, è andato perduto – vi sentite infelici, ma se foste stati voi a dar via quella cosa o quel denaro, allora vi sareste sentiti felici. Se gli uomini rinunciano volontariamente a questi oggetti, ciò li conduce alla beatitudine eterna della realizzazione del Sé. Non è che vogliamo dare per poter ricevere, non è questa l'idea, non è questo il principio che stiamo cercando di assorbire. Quella è una transazione d'affari. Ma se si dona, non si vuole altro e si è felici. Sono il voler ottenere, il desiderio, a renderci infelici, meschini e irrequieti. Quando non si vuole più ricavare nulla e si vuole soltanto donare, allora ciò che si ottiene è qualcosa di molto diverso da ciò che si è donato. Si ottiene la pace. Nient'altro ce la può dare se non la rinuncia.

> *"Benedetti sono coloro che vivono nelle caverne delle montagne meditando su Brahman, la Luce Suprema, mentre gli uccelli senza paura si posano sul loro grembo e bevono le lacrime di beatitudine che essi versano durante la meditazione. La nostra vita invece sta velocemente volgendo al termine nell'eccitazione dei festeggiamenti a palazzo o sulla riva di laghetti rinfrescanti o nei giardini del piacere, tutti creati e rimuginati soltanto dall'immagi-nazione."*

Quindi, benedetti coloro che vivono nella beatitudine della meditazione su Dio e che versano lacrime di beatitudine; gli uccelli, non avendo paura di loro, gli si posano in grembo.

"Per cibo ho ciò che ricevo mendicando, del tutto insipido, e solo una volta al giorno. Come letto, la terra. Come servo, il mio corpo. Come vestito, una coperta lisa fatta di più di cento toppe e, nonostante tutto, ahimè, i desideri non mi abbandonano."

Anche se non ho niente, ho rinunciato a tutto, sono incapace di rinunciare ai desideri. Vedete quanto è forte il desiderio!

"Senza sapere quanto bruci, gli insetti si gettano nel fuoco luminoso."

L'avete mai visto, un insetto che si getta nel fuoco? O vola contro una lampadina elettrica? Beh, lo farebbe con un fuoco, se solo ne trovasse uno.

"Il pesce, per ignoranza, inghiotte l'esca attaccata all'amo, mentre noi, dotati di pieno discernimento, non rinunciamo ai desideri dei sensi, resi complicati da molti pericoli. Ahimè, com'è impenetrabile il potere dell'illusione!"

Vorrei solo ricordarvi che né Amma, né le Scritture, né altri dicono che tutti dovrebbero diventare degli yogi in una caverna e che nessuno dovrebbe scegliere la vita nel mondo e divertirsi. Non è questo il punto, ma si dovrebbe comunque avere la scorta di questa conoscenza. Tenetela in tasca, perché, se ad un certo punto della vita vi doveste accorgere che le cose non hanno funzionato, che la vostra ricerca della felicità attraverso la felicità dei sensi o la vita nel mondo non ha funzionato, che le vostre aspirazioni non sono state soddisfatte, allora avrete qualcosa da cui ricominciare, e vi ricorderete di queste parole. E allora potrete cercare qualcos'altro. Questo qualcosa è ciò che si dice vita spirituale o beatitudine divina.

"Quando la bocca è arsa per la sete, l'uomo beve qualcosa di fresco. Quando soffre per la fame, mangia del delizioso riso

cotto. Quando è infuocato dalla lussuria, abbraccia la sua compagna. Quindi la felicità non è che il rimedio di queste malattie, fame, sete, lussuria. E osservate che tormenti egli deve affrontare nella sua ricerca!"

Sta paragonando la sete dei sensi ad una malattia. Secondo questa prospettiva, i nostri sensi diventano irrequieti, eccitati, agitati, e per eliminare questa irritazione noi facciamo varie cose. La nostra vita è così.

"Possedendo case lussuose, figli stimati dai dotti, enormi ricchezze, una moglie devota, e pensando che questo mondo sia permanente, gli uomini illusi dall'ignoranza corrono nella prigione del mondo, mentre invece veramente benedetti sono coloro che, considerando la natura fuggevole di questo stesso mondo, vi rinunciano. Il pozzo del nostro stomaco è difficile da riempire, ed è la radice di molte disfatte."

Perché dice così? Perché, se non doveste mangiare tutti i giorni, avreste molti meno problemi. A parte l'indige-stione, il sovrappeso e tutte queste cose, se viveste una vita semplice senza aver bisogno di mangiare non dovreste cercarvi un lavoro. Dovete mangiare perché dovete vivere. Ma se foste in grado di vivere ai piedi di un albero con un abbigliamento minimo, questo vi basterebbe e non avreste bisogno d'altro. Ma se avete bisogno di mangiare, avete bisogno di soldi e di così tante altre cose.

"È ingegnoso nell'eliminare qualsiasi traccia del nostro bene-amato amor proprio."

Che cosa? Il nostro stomaco. Molte persone buttano al vento tutto il loro rispetto di se stessi per soddisfare lo stomaco.

"È come il luminoso chiaro di luna che risplende sui fiori di loto che sbocciano soltanto al sole. È l'accetta che taglia i rigogliosi rampicanti della nostra grande umiltà."

"Nel godimento, c'è la paura della malattia."

Perché, se si è malati, non si può provare veramente piacere. Supponiamo che vi piaccia mangiare, ma se avete problemi di stomaco o siete senza denti, non vi potete gustare il cibo. Supponiamo che vi piaccia guardare delle belle cose, ma i vostri occhi non funzionano bene. Oppure che vi piaccia ascoltare della bella musica, ma siete duri d'orecchi. Quindi, se avete un qualche tipo di malattia, il godimento diventa un problema. La frase di Bhartrihari potrebbe anche voler significare che la perdita di energia che si verifica durante il piacere potrà in seguito causare una malattia.

"In società, se la felicità dipende dalla vostra posizione sociale, ci sarà la paura di cadere; nella ricchezza, la paura dei ladri; nell'onore, la paura dell'umiliazione; nel potere, la paura dei nemici; nella bellezza, la paura della vecchiaia; nel corpo, la paura della morte."

"A questo mondo, tutte le cose umane sono inseparabili dalla paura. Soltanto la rinuncia è senza paura. La salute dell'uomo è distrutta da centinaia di malattie del corpo e della mente. Ovunque ci sia Lakshmi, i pericoli trovano libero accesso."

Cosa significa questa frase? Lakshmi è la dea della ricchezza, della prosperità. Quindi, i saggi dicono che ovunque ci sia prosperità, c'è una porta aperta alla sofferenza, perché la prosperità ha moltissime complicazioni. La maggior parte delle persone a questo mondo non la pensa così. "Se c'è prosperità, c'è felicità; tutte le nostre preoccupazioni sono finite." Questo è il comune modo di pensare, ma ad una persona veramente spirituale non importa un fico secco della prosperità. La sua ricchezza sarà la ricchezza della pace interiore.

Lakshmi appare a Swami Vidyaranya

Avrete forse sentito la storia di Swami Vidyaranya. Era il Primo Ministro del re Krishnadevaraya, un famoso re, che diede vita al regno Vijayanagar. Il Primo Ministro aveva, come chiunque altro, il desiderio di essere ricco e prospero, quindi compì moltissime *puja* a Lakshmi. Le faceva tre volte al giorno, con diecimila *mantra*. Era solito fare *japa* con il *mantra* di Lakshmi. Giorno e notte si recava ai templi dedicati a Lakshmi. Fece moltissimi voti per ricevere la grazia di Lakshmi e diventare ricco. Andò avanti così per anni, ma non diventò ricco. Ad un certo punto si stufò e si disse: "Perché spreco così tanta energia in questa cosa? La mia vita sta per finire." Decise di diventare sannyasi e cercare di realizzare Dio, di raggiungere l'immortalità, la realizzazione del Sé. Lasciò la sua casa, indossò gli abiti color ocra del sannyasi, e proprio in quel momento gli apparve una bellissima donna. Avrete indovinato... era Lakshmi! Lui le chiese: "Posso esserTi utile?"

Lakshmi disse: "Mi hai pregato per tutti questi anni e adesso finalmente sono venuta."

Egli rispose: "Adesso vieni ma io non Ti voglio."

Lei disse: "Devo comunque concederti qualcosa."

Allora lui disse: "Va bene, donami la ricchezza della conoscenza spirituale. Donami la ricchezza della Realizzazione." Lakshmi gli diede la benedizione che sarebbe stato un uomo saggio con grande conoscenza delle Scritture ed esperienza spirituale. Grazie alle benedizioni di Lakshmi fu chiamato 'Vidyaranya', che significa 'colui che è una foresta di conoscenza, di saggezza'.

Così, la devozione a Lakshmi per raggiungere la ricchezza terminò in un vicolo chiuso, a causa di tutti i problemi di cui abbiamo parlato finora: morte, nemici, ladri e tutte le cose di cui è costituito il mondo.

"Tutto ciò che nasce, muore."

Il Creatore ha creato qualcosa di stabile? Non c'è niente di stabile a questo mondo.

"I piaceri degli esseri umani sono passeggeri, come fulmini tra le nuvole. La vita è insicura come una goccia d'acqua su una foglia di loto. I desideri della giovinezza sono instabili. Essendosene resi conto, i saggi fissano stabilmente la loro mente nello yoga, facilmente raggiungibile con la pazienza e l'equanimità. La vecchiaia incombe, spaventando gli uomini come una tigre. Varie malattie affliggono il corpo come dei nemici. La vita fugge come acqua che scorre via da un recipiente bucato. Malgrado ciò, è incredibile come l'uomo continui a compiere azioni malvagie!"

Siamo arrivati soltanto a metà, ed è già piuttosto tardi. Continueremo e cercheremo di finire la prossima settimana.

Namah Shivaya.

Il distacco – 2

Stavamo parlando di alcuni versi di Amma contenuti nel canto Omkara Divya Porule, versi vedantici, sulla filosofia del Vedanta, o Advaita. Questa è la filosofia del non-dualismo, che afferma che noi siamo il Sé, e non il corpo, e che sfortunatamente siamo tutti addormentati, profondamente addormentati nel sogno detto maya, o illusione cosmica. Il Vedanta sostiene inoltre che l'unico modo per risvegliarsi è compiere intense pratiche spirituali e sviluppare distacco nei confronti del sogno.

Abbiamo iniziato a trattare questo argomento un paio di settimane fa. Tanto per cominciare, vorrei sottolineare il fatto che questo non è l'unico insegnamento di Amma. Amma insegna che la mente può risvegliarsi alla propria vera natura, che è l'*Atman*, il Sé immortale, anche attraverso una devozione intensa per Dio, attraverso l'abban-dono a Dio, attraverso vari sentieri devozionali, oppure attraverso il sentiero del servizio altruistico. Ma poiché abbiamo incominciato ad analizzare Omkara Divya Porule, adesso stiamo parlando della filosofia non-duale e della necessità di avere *vairagya*. Spiegherò tra un istante cosa si intende per *vairagya*.

Quando diciamo che siamo addormentati in *maya*, per *maya* intendiamo quella forza che ci fa dimenticare la realtà, che è sempre presente e ci fa prendere per reale ciò che abbiamo di fronte, e che infine ci mette nei guai. Non solo ci dimentichiamo della realtà, ci dimentichiamo, per così dire, di molte realtà. Prendiamo ad esempio un bambino di un paio d'anni. Prima che conosca qualcosa del mondo, gli mettiamo davanti delle monete d'oro e dei biscotti. Quale dei due pensate che prenderà il bambino? I biscotti. È unanime? Sì. I biscotti. Perché i biscotti? Perché sono concreti, si possono mangiare subito. Il bambino non sa che con le monete d'oro potrebbe comprare montagne di biscotti. Vede soltanto il piacere immediato che ha di fronte a sé. Non pensa ad investimenti a lungo termine, o a cose simili. Ecco cos'è *maya*: continuamente, noi vediamo il piacere immediato, la felicità immediata che ci dà una cosa, e la prendiamo al volo, ignorando tutto il resto, la verità a lungo termine.

Quindi stiamo parlando di *vairagya*, di come risvegliarci da questa *maya*. Amma dice che *vairagya* è essenziale. Persino Sankaracharya, avrete sentito parlare di lui, afferma che anche se non aveste nessun'altra buona qualità, *vairagya* sarebbe sufficiente a farvi raggiungere la realizzazione del Sé, o a trascendere il ciclo di morte e rinascita. Allora, che cos'è questa *vairagya*? *Vairagya* significa assenza, mancanza di *raga*. Vi dice qualcosa? No. *Raga* non è soltanto la melodia su cui si costruisce una musica, ma significa anche attrazione, attaccamento ad una cosa. La nostra mente oscilla sempre tra un attaccamento ad una cosa o all'altra e la repulsione verso una cosa o l'altra. Ogni tanto siamo anche indifferenti a qualcosa. Quindi, *vairagya* è l'assenza di attrazione o attaccamento. È questo che ci farà risvegliare dal sogno. È a causa del nostro attaccamento o attrazione verso il sogno di *maya* che continuiamo a dormire. Questo genera un certo slancio ed una certa energia, e continua a perpetuarsi vita dopo vita. Diventa una cosa molto complicata perché, finché siamo addormentati, funziona la legge del *karma*. Tutto ciò che facciamo nel sogno ha la sua azione e reazione. L'unico modo per spezzare questa ruota, questo circolo, è di risvegliarsi. Ciò significa che dobbiamo ritrarre la nostra mente dal sogno; solo così possiamo rompere il circolo.

Spezzare il sogno è detto *bhoda*, o illuminazione, o realizzazione del Sé, o liberazione dal ciclo di nascita e morte, *mukti* o *moksha*. Vi farò un esempio concreto di ciò che si intende per *vairagya*.

Samarta Ramdas e il regno di Shivaji

C'era una volta un grande *mahatma* di nome Samarta Ramdas. Avrete forse sentito parlare di lui. Visse quattro o cinquecento anni fa in India. Era un *sannyasi*. Non era sempre stato un *sannyasi*, ma ne aveva la stoffa. Era un grande devoto di Hanuman; questo era il suo aspetto preferito di Dio. Aveva tutte le qualità di Hanuman: devozione a Ram, servizio e rinuncia.

A dir la verità, stava per sposarsi. Nei matrimoni indiani – non so se funziona ancora così, ma a quei tempi era una cosa ortodossa – il ragazzo e la ragazza si sedevano uno di fronte all'altra con un divisorio tra loro, un drappo o una tenda. Un attimo prima che si conoscessero e sposassero, il sacerdote diceva: *"Jagrata!* (Attenzione!)"* Così, quando Ramdas sentì questo "Jagrata!", forse perché era destinato a diventare un *sannyasi*, qualcosa gli balenò nella mente. "Devo fare attenzione! Sono sicuro di volermi ficcare in questa situazione complicata? Mi sono chiare tutte le implicazioni? Andrà tutto bene?" Quell'avverti-mento gli portò alla mente tutti questi pensieri, e lui fece un balzo come una scimmia, saltò giù dalla seggiola, fuggì dalla sala matrimoniale e nessuno lo vide più per i seguenti dodici anni. Questo è vero distacco. Ma la cosa non finì lì.

(Una voce dal pubblico) "Probabilmente gli venne una fifa nera!"

Beh, magari può incominciare come paura della sofferenza, di complicazioni e di cose di questo tipo, ma non tutti la vedono in questo modo. Non tutti devono fuggire nella foresta per dodici anni, ma lui era destinato a diventare un monaco, quindi le cose andarono così. Bastò una parola. Nessuno dovette spiegargli le cose più volte e nei dettagli. Non ebbe bisogno di leggere alcun libro. Non stava facendo i calcoli: "Allora, se faccio questo, che cosa succederà? E se faccio quest'altro? Devo fare questo o quello?" Non andò così.

Quindi saltò, scappò, e incominciò a compiere intense pratiche spirituali nella foresta. Lo trovarono in piedi nel fiume immerso fino al collo nell'acqua gelata; nell'India del nord d'inverno la temperatura scende sotto zero. Rimaneva in piedi giorno e notte, a volte anche per più giorni, a fare il suo *mantra japa*. Restava in piedi sotto il sole cocente con dei falò accesi tutt'attorno. Per quale motivo compì tutte queste austerità? Per acquisire maggior distacco dalla propria esistenza fisica e dal mondo, e per fondersi nel Sé, nell'anima.

Grazie alla *sadhana* raggiunse infine la perfezione. Un giorno, mentre stava camminando in una delle città del regno passò davanti al palazzo del re, Shivaji. Ramdas stava chiedendo l'elemosina. Aveva la sua ciotola delle elemosine, il guscio scavato e levigato di una noce di cocco. Andava di fronte ad ogni casa e diceva: "Biksham dehi ca Parvati", ovvero: "O Madre Divina, fammi l'ele-mosina." Arrivò ai cancelli del palazzo del re e Shivaji uscì di corsa. Ramdas allungò la ciotola. Il Guru allungò la ciotola al discepolo. Ramdas disse: "Ti prego, fammi l'ele-mosina." Shivaji tirò fuori una penna ed un pezzo di carta, scrisse qualcosa e mise il pezzo di carta nella ciotola. Ramdas disse: "Che sciocchezza è questa? Il foglio di carta mi toglierà forse la fame?" Allora Shivaji replicò: "Per favore, Swamiji, leggete il foglio." Ramdas prese il foglio dalla ciotola, e gli diede un'occhiata. Che cos'era? Shivaji aveva firmato la cessione di tutto il suo regno a Ramdas. Tutto il regno!

Shivaji disse: "È vostro. Non voglio aver più niente a che fare con il regno. Questa è la mia elemosina al mio Guru." Non è una cosa tanto incredibile. Ci sono persone che ancora oggi fanno la stessa cosa. Hanno così tanta devozione e amore per il loro Guru, sono così stufi del mondo, e hanno così tanta fede che danno al Guru tutto ciò che hanno. Tutto, non soltanto il loro tempo, la mente ed il cuore, ma anche i loro possedimenti, ogni cosa, senza fare calcoli. È come saltare intrepidi giù da una scogliera, senza sapere cosa succederà; e proprio prima di arrivare al suolo qualcosa vi afferra e vi deposita delicatamente a terra.

Così, Shivaji donò il regno intero a Ramdas. Ramdas lesse il foglio e disse: "Molte grazie, ma prenditene cura tu per me. Adesso è mio; occupatene tu per me." E si diresse verso la casa successiva a chiedere *biksha*, l'elemosina. Questo è un vero *vairagya*, per entrambi. Un doppio *vairagya*. Il discepolo aveva vero distacco; il Guru aveva vero distacco. Nessuno voleva il regno.

Questo è un esempio pratico di *vairagya*. È ciò che è necessario per calmare la nostra mente. È la mancanza di *vairagya*, di distacco, che rende la mente così irrequieta. Corre sempre da una cosa all'altra. Se ottiene una cosa, smette di correre per un secondo o due. Poi, affiora nella mente qualcos'altro. La mente vuole rincorre qualche altra cosa. Non sta mai ferma più di un paio di secondi, eccetto… quando ci addormentiamo o quando siamo in *samadhi*. La maggior parte di noi non è mai entrata in *samadhi*, quindi per noi la mente si ferma solo quando dormiamo.

Infine ci stanchiamo di questa costante irrequietezza. A quel punto, potremmo dire, siamo sulla via di ritorno verso il nostro vero Sé. Siamo sulla via di ritorno verso Dio. Dobbiamo raggiungere lo stadio in cui diciamo: "Oh, ne ho avuto abbastanza di questa continua irrequietezza. Nonostante tutto quello che ho ottenuto e tutto quello che ho fatto, non ho trovato comunque la pace. Viene e poi se ne va. Viene e poi se ne va."

C'è una bella strofa scritta da un santo. Descrive come dobbiamo ritornare al Sé, ritornare infine a Dio, e come non possiamo farne a meno. È questa la vera natura delle cose: tutti dovremo raggiungere quello stadio, lo stadio del vero *vairagya*. Ecco la strofa. È molto bella.

> *"Le acque si sollevano dal mare sotto forma di nuvole, poi cadono sotto forma di pioggia e corrono di nuovo al mare nei ruscelli. Niente può impedir loro di ritornare alla fonte. Analogamente, l'anima proviene da Te e non le si può impedire di riunirsi a Te, anche se finisce in molti vortici lungo il cammino. Un uccello che si solleva da terra e si libra nel cielo non può trovare a mezz'aria un posto in cui riposare, ma deve tornare ancora una volta sulla terra. Così, in verità, tutti devono ritornare sul proprio cammino, e quando l'anima troverà la via del ritorno alla sua sorgente, s'immer-gerà e si fonderà in Te, Oceano di Beatitudine!"*

Questo è ciò che succede a noi. Siamo come l'acqua che si solleva dal mare; cadiamo sulla terra e diventiamo un fiume che scorre in tante direzioni, di qua e di là, ed infine ritorniamo al mare… Oppure come l'uccello che spicca il volo: deve ritornare a terra, non potrebbe vivere nell'aria, si stancherebbe.

Qual è la meta? Qual è la sorgente? È l'Oceano della Beatitudine, che ricerchiamo in continuazione, ma non troviamo mai.

La settimana scorsa stavamo leggendo *Vairagya Satakam*, probabilmente il miglior testo composto da un santo sulla scienza del distacco. Oggi vorrei continuare a leggerlo, e magari finirlo, perché ogni verso ha il potere di risvegliarci. Ci scuote davvero, tocca qualcosa in noi. Per prima cosa vediamo ancora qualcosa sulla storia di Parikshit.

Parikshit e la paura della morte

C'era una volta un re che aveva saputo che sarebbe morto dopo una settimana, quindi rinunciò a tutto, si sedette, meditò e realizzò

Dio in una settimana. Amma dice che se abbiamo questo tipo di intensità, basta anche un solo istante. Sebbene Parikshit avesse molto distacco e un grande desiderio di realizzare Dio, aveva anche molta paura della morte. Non c'è niente di male in questo. In un certo senso è bene aver paura della morte, perché l'energia della paura ci darà intensità nelle pratiche spirituali. Allora che cosa fece? Fece una cosa molto interessante. Aveva saputo che il settimo giorno sarebbe morto in seguito ad un morso di serpente, quindi fece costruire una colonna, una colonna molto alta, forse di venti o trenta metri. In cima alla colonna c'era una stanza, e l'unico modo per arrivare alla stanza era con una fune. Fu in questo modo che lui salì nella stanza. Sedeva a meditare nella stanza e, quando era ora di mangiare, faceva calare un cesto e lo tirava su pieno di frutta ed altre cose. Per quei sette giorni si nutrì in questo modo. Aveva posizionato tutto il suo esercito ai piedi della colonna, così, se fosse arrivato un serpente, potete immaginare che fine avrebbe fatto.

Ebbene, che cosa successe? Il serpente che era destinato a morderlo non era un serpente comune. Era un serpente molto intelligente. Si trasformò in un piccolo verme, nemmeno in un millepiedi, in un verme piccolissimo. Entrò in uno dei frutti che stavano per essere mandati nella stanza del re per la colazione del settimo giorno, facendo un buchino nel frutto, che forse era un mango, oppure una mela. Quando Parikshit prese il frutto, proprio mentre stava per addentarlo, il verme tirò fuori la testolina, sorrise al re, si trasformò in un serpente e lo morsicò. Il re morì immediatamente. Non si può evitare; quando è il vostro momento di andarvene, potete fare qualsiasi cosa. Potete essere in cielo o sottoterra, nella vostra camera o sull'auto-strada, o dove volete, ma quando il tempo è scaduto, dovete andarvene. Non c'è niente di male in questo. Tutti se ne devono andare prima o poi.

I versi di Bhartrihari

Adesso leggeremo qualche strofa di Bhartrihari. Ogni strofa è una perla. Non ascoltate questo testo come se fosse una poesia o della filosofia. Cercate di assorbire ogni verso nel vostro cuore, perché sono stati scritti a questo scopo. Devono svegliarci e darci, per lo meno per un attimo, un bagliore sulla natura di *maya*, visto che siamo profondamente addormentati in essa. La profondità del nostro sonno è incredibile.

"La vecchiaia incombe, spaventando gli uomini come una tigre. Varie malattie affliggono il corpo come dei nemici. La vita fugge come acqua che scorre via da un recipiente bucato. Malgrado ciò, è incredibile come l'uomo continui a compiere azioni malvagie!"

Questo non significa che non ci sia niente di buono nella vita e che non dovremmo godercela, ma bisogna cercare di capire anche questo aspetto della vita. Vita spirituale significa comprendere tutto, non soltanto essere infatuati e ignorare la vera natura delle cose. Dobbiamo vedere il lato bello della vita, ma anche l'altro lato, quello doloroso – entrambe le facce della moneta. È questa la vera saggezza. Ciò è necessario per avere una visione più bilanciata delle cose, visto che la maggior parte di noi è abituata a cercare o a notare solo il lato piacevole.

"Molti e transitori per natura sono i piaceri, e di tali piaceri è costituito il mondo. Quindi per quale motivo girovaghi, o uomo? Cessa di ricercarli, abbi fede nella nostra parola, nelle sue supreme fondamenta, nella Realtà, e concentra la tua mente, purificandola dall'opprimente speranza con le sue cento insidie, e liberati dal desiderio."

È il desiderio che ci fa rincorrere queste cose transitorie. Anche se non otteniamo quello che vogliamo, la speranza non molla. Bhartrihari sta dicendo di aver fede nelle sue parole, perché esse derivano dalla sua esperienza della Realtà. Abbandonate la speranza nei desideri, in modo che la vostra mente si calmi.

"C'è un solo piacere, e uno soltanto, duraturo, immutabile e supremo: dopo averlo assaporato, tutti i più grandi possedimenti, come il regno sui tre mondi, diventano insipidi; quando si dimora in esso, Brahma, Indra e gli altri dèi sembrano fili d'erba. Non dedicatevi a nessun piacere effimero."

Quindi, vita spirituale non significa rinunciare ai piaceri. Significa soltanto che volete una promozione. Non siete soddisfatti dei piaceri che avete.

Qualcuno magari ha una banale Chevrolet, poi vuole una Mercedes, poi una Rolls Royce, poi... cos'altro si può volere?

(Una voce dal pubblico) "Una limousine."

Una limousine, bene. Quasi quasi la prossima settimana dovresti venire a sederti sul palco, visto che ti vengono tutte queste brillanti idee!

Quindi la natura è così: abbiamo una casa piccola, e pensiamo che sarebbe molto meglio averne una più grande. Poi prendiamo una casa più grande e non è ancora abbastanza: "Vorrei averne una più grande." Poi vedete qualcuno che ha una casa ancora più grande: "Ne voglio una ancora più grande." Fino a che punto potete arrivare? È questa la natura delle cose. Non c'è fine ai piaceri, non c'è mai soddisfazione. Non ci potrà mai essere. È questo che sta dicendo Bhartrihari: esiste un piacere, uno solo, che vi soddisferà per sempre e che farà apparire come un filo d'erba persino la condizione degli dèi supremi dell'u-niverso.

Amma dice la stessa cosa. C'è un canto in cui descrive così la propria esperienza:

"Vidi ogni cosa come il mio Sé, e l'intero universo come una minuscola bollicina nella mia immensità."

Questa è l'esperienza. Se vi risvegliate da questo sonno, vedrete l'intero universo come una minuscola bollicina nella vostra eterna immensità. Questo è il piacere della beatitudine suprema. È l'obiettivo della vita spirituale. Bhartrihari dice: "Non inseguite altro che questo. Non sprecate la vostra energia. Non perdete tempo. Non cacciatevi nelle complicazioni di *maya.*"

"In una certa casa, una volta erano in tanti, e adesso ce n'è uno solo; e dove ce n'era uno o ce n'erano molti, alla fine non c'è più nessuno."

Avete capito? In una casa erano in tanti; poi ne è rimasto uno solo, e dopo un po' non è rimasto più nemmeno lui.

"Questo è il modo in cui l'esperto Padre Tempo gioca la sua partita sulla scacchiera di questo mondo, con gli esseri viventi come pedine da muovere, e gettando i dadi del giorno e della notte. Quotidianamente, con il sorgere ed il tramontare del sole, la vita si accorcia, e non ci si accorge del tempo che passa a causa degli affari appesantiti dalle molte attività che comportano. Non si prova nemmeno paura osservando nascita, morte, vecchiaia e sofferenza. Ahimè, il mondo è impazzito bevendo il vino di maya."

La vita se ne va ogni giorno, ogni notte. La vita si sta accorciando. Siamo impegnati in così tante cose che non ce ne accorgiamo nemmeno. Siamo ubriachi del vino di *maya.* È questo che sta dicendo. Se non conosciamo la sofferenza – dice Amma – dovremmo recarci in qualche luogo di sofferenza, in modo da riuscire a capire questa ruota del tempo, capire quanto è spietata la legge del *karma.* Quando vedete persone che stanno davvero soffrendo, cercate di pensare: "Potrebbe succedere anche a me."

"Vedendo che la notte e il giorno s'inseguono sempre uguali, invano le creature corrono nel loro percorso mondano, perseverando indaffarati in varie attività create segretamente dai desideri della loro mente. Ahimè, a causa dell'infatuazione, non ci vergogniamo di essere ingannati in questo modo dal ciclo di nascite e morti, facendo cose in cui continuano a ripetersi gli stessi particolari."

Una mucca mastica sempre lo stesso foraggio. La nostra vita è così: continuiamo a fare sempre le stesse cose. Continuiamo ad avere sempre le stesse esperienze, eppure proseguiamo. Non pensiamo a cercare di elevarci al di sopra della nostra ordinaria vita materiale. Questa è *maya*.

"Coloro da cui siamo nati, sono adesso in intimo rapporto con l'Eternità."

Ovvero sono morti da tempo.

"Anche coloro con i quali siamo cresciuti sono diventati oggetto di ricordi. Adesso che siamo diventati vecchi, ci avviciniamo ogni giorno di più alla nostra caduta, e la nostra condizione è paragonabile a quella degli alberi sulla riva sabbiosa di un fiume."

Se la riva di un fiume è sabbiosa, e lì vi cresce un albero, che cosa succede all'albero?
(Vocina di un bambino) – Muore.
– E quando muore, cosa succede?
– Si mischia con la sabbia.
– Cade, non è vero?
– Va in decomposizione, credo.
– Si decompone, giusto. Allo stesso modo, noi siamo sulla riva sabbiosa del fiume del tempo, che non ha rive solide. Il fiume

del tempo erode la sabbia sotto le radici. Infine l'albero cadrà e andrà in decomposizione.

"Ora bambino per un po', e poi giovane dai costumi erotici, povero per un po', e poi ricco; poi, malato in tutti gli arti e col corpo raggrinzito per l'età, proprio come un attore, farà la sua uscita dalla scena che vela la dimora della morte."

Si è giovani, si cresce, si invecchia e poi si esce di scena. Il mondo è un palcoscenico. Vi ricordate quando eravate bambini? Se ne è andato tutto troppo in fretta. Poi sono venute tutte le responsabilità dell'età adulta e adesso, per qualcuno di noi, è arrivata la vecchiaia. Il passo successivo è la morte. Cosa viene dopo la morte?
(Voce di un bambino) – "La rinascita".
– Giusto.

"O mente agitata, tu discendi nelle regioni sotterranee. Poi volteggi alta nei cieli. Vaghi per i quattro cantoni. Perché, nemmeno per errore, non ti concentri almeno una volta sulla Realtà Suprema della natura del tuo vero Sé, privo di ogni imperfezione, in modo da poter raggiungere la beatitudine suprema?"

La nostra mente vaga dappertutto eccetto dove dovrebbe andare, ovvero verso il nostro Sé. È come un fiume che scende dalle montagne. Va dappertutto. Non torna mai alla sorgente, anche se è lì che un giorno dovrà ritornare. Impariamo, conosciamo, facciamo l'esperienza di tante cose, e infine arriviamo ad un punto in cui vogliamo tornare alla sorgente. Raggiungiamo la convinzione che non ci sia niente da nessuna parte, eccetto il riposo nel Sé. Questo è ciò che succede quando ci addormentiamo. Per quante cose conosciamo, possediamo e abbiamo sperimentato, alla fine della giornata non vogliamo niente di tutto questo. Vogliamo soltanto andare a dormire perché, quando si dorme, cosa succede?

(Bambino) – "Ci si riposa".

– Giusto. Ci si dimentica di tutto, perché essere impegnati con tutte queste cose dopo un po' diventa molto stancante. Ma per quanto a lungo dormiate, non avete mai la sensazione di non voler più dormire. Dovete alzarvi perché avete altre cose da fare, ma il sonno è uno stato così felice! Vi dà un assaggio del Sé. L'unica differenza è che nel sonno è buio mentre il Sé è luminoso, ma la sua natura di beatitudine, riposo e pace è sperimentata anche nel sonno.

All'inizio della vita spirituale è così. La mente penserà a tutto fuorché a Dio, a tutto fuorché al Sé. Fa sempre così, ma lo farà ancora di più quando cercherete di meditare. Poi, se perseverate, a poco a poco, come dice Amma, sarà come versare acqua dolce in un contenitore di acqua salata. Se continuate a versare acqua a sufficienza, alla fine non ci sarà più acqua salata. Ci sarà soltanto acqua dolce. Se continuate a versare il pensiero di Dio, o il vostro *mantra*, o la vostra pratica spirituale, qualunque essa sia, nella vostra mente distratta, allora quell'unico pensiero prenderà il posto di tanti pensieri. Infine raggiungerete uno stadio in cui non riuscirete a pensare a nient'altro che a Dio, e la vostra mente non andrà da nessun'altra parte.

Per una cosa simile è necessaria una pratica enorme, ma non è impossibile. Coloro che raggiungono la realizzazione, i santi o i saggi, hanno fatto così. La maggior parte di loro non erano *mahatma* dalla nascita. Non nacquero dotati di concentrazione, ma ci lavorarono sopra moltissimo. La mente è una cosa che può essere plasmata; può diventare concentrata e può fare l'esperienza di *Brahman* o della Realtà. È una gran cosa. Può essere utilizzata per un buono o per un cattivo scopo, e anche per lo scopo supremo, l'unione con Dio, ma deve essere addestrata. Ecco in cosa consiste la spiritualità: nell'addestramento della mente.

Amma fa l'esempio degli arrampicatori di alberi di cocco. Chi di voi è stato in Kerala sa che ci sono milioni di alberi di cocco dappertutto, foreste di alberi di cocco. Come si fanno a raccogliere le noci di cocco dall'albero?

(Bambino) – "Bisogna arrampicarsi".

– Proprio così, bisogna arrampicarsi. Non c'è altro modo. Immaginate di essere nati in una famiglia di arrampicatori di alberi di cocco. Ciò significa che quando sarete cresciuti diventerete anche voi arrampicatori di alberi di cocco. Un giorno, il vostro papà vi dirà: "Ascolta, penso che sia ora che tu impari ad arrampicarti sugli alberi."

Vi avvicinate all'albero, cercate di arrampicarvi, salite di circa trenta centimetri e poi precipitate giù. Riprovate e scivolate di nuovo. Continuate a provare e vi sentite piuttosto scoraggiati. Dite: "Non ce la farò mai a salire in cima a quest'albero alto dieci metri. Non riesco ad arrampicarmi nemmeno un metro! Lasciamo perdere. Farò qualcos'al-tro."

Allora vostro padre dirà: "No, no, devi diventare un arrampicatore di alberi di cocco. Non hai scelta. Questo è il nostro mestiere da migliaia d'anni." Allora cosa fate? Continuate a provare. Salite di quaranta centimetri e poi scivolate di nuovo giù. Ma è sapere di doverlo fare, di non avere altra scelta, che vi fa andare avanti. Continuate a salire sempre più in alto. Infine, un giorno, arriverete in cima all'albero, e tirerete giù le noci di cocco. Potrete salire e scendere con facilità. C'è voluta molta pratica, molta costanza. Quindi Amma dice: proprio come il figlio di un arrampicatore di alberi di cocco, tutti noi dobbiamo cercare di scalare l'albero della mente e raggiungerne la cima, il loto dai mille petali dove dimora e risplende Dio. Quando diventeremo pratici nel salire e nello scendere, non avremo più problemi. Fino a quel momento dobbiamo continuare a provare, pensando che non abbiamo altra scelta. È come un viaggio. All'interno, non all'esterno.

"Nella vecchiaia, il corpo diventa raggrinzito. Il passo malfermo. I denti cadono. La vista va perduta. La bocca perde la bava. I parenti non tengono in considerazione le vostre parole. A vostra moglie non importa di voi. Persino i figli diventano ostili. Oh, la miseria di un uomo esausto per l'età!"

Non ci piace sentire queste cose, ma sono vere. Sono delle realtà. Non la Realtà, ma realtà con la "r" minuscola.

"Finché questo corpo è libero da malattie e senilità, finché la vecchiaia è ancora lontana, finché i poteri dei sensi sono intatti e la vita non decade, le persone sagge dovrebbero sforzarsi tenacemente di arrivare al bene supremo perché, quando la casa va a fuoco, a cosa serve scavare un pozzo in cerca d'acqua?"

Avete capito? Quando la casa sta andando a fuoco, che cosa fate?
(Bambino) – Chiamiamo i pompieri.
– E se non avete il telefono?
– Allora corriamo dai pompieri.
– E se abitiamo in un paesino in cui non ci sono i pompieri? Allora andiamo dai vicini.
– E chiediamo se possiamo usare il telefono…?
– No! Quando la casa sta andando a fuoco, la prima cosa che probabilmente faremmo è cercare di trovare dell'acqua per spegnere l'incendio. Quindi, se c'è un rubinetto, lo aprite per far uscire l'acqua. Ma se non ci sono rubinetti?
– Andiamo al fiume.
– Ma se non c'è un fiume, e non ci sono rubinetti, avrete senz'altro un pozzo. Ma se non avete il pozzo…?
– Scappate via!

– Questo è quello che direbbero i pompieri! Ma invece voi incominciate a scavare un pozzo! Questo sta dicendo il testo. Che senso avrebbe incominciare a scavare un pozzo mentre la casa sta andando a fuoco? Analogamente, non ha senso cercare di compiere intense pratiche spirituali o di controllare la mente vagabonda quando ormai il corpo sta cadendo a pezzi. Perché? Perché la mente è occupata con il decadimento. Si preoccupa di questo e di quest'altro. Come fa a concentrarsi? Come fa a dedicarsi a qualcosa? Quindi, prima di raggiungere questo stadio, indirizzate tutte le vostre energie a realizzare il vostro Sé.

"Quando l'onore è sbiadito, la ricchezza sfumata, chi vi chiede un favore se ne va deluso, gli amici sono diminuiti, i risparmi finiti, e la giovinezza gradualmente è decaduta, rimane solo una cosa da fare per il saggio: prender dimora da qualche parte in un boschetto vicino ad una vallata dell'Hima-laya, dove le rocce sono purificate dalle acque del Gange."

Adesso Bhartrihari sta cercando di ispirarci con pensieri sublimi. Ha smascherato il mondo per quello che è. Adesso cosa fare? Dobbiamo intristirci? Dobbiamo disperarci? No. Dobbiamo pensare: "Qual è l'alternativa a questa situazione, a questa condizione?" Bhartrihari dice che quando sono successe tutte queste cose, e avete compreso la natura del mondo, allora prendete in considerazione di vivere in un ashram, o in una capanna sull'Himalaya, o sulle rive del Gange, per compiere le vostre pratiche spirituali.

Namah Shivaya.

Il distacco – 3

Nelle ultime due settimane abbiamo parlato di come siamo talmente addormentati in maya che non ci rendiamo nemmeno conto di esserlo, tanto profondo è il nostro sonno. Lo scopo di libri come il Vairagya Satakam è di scuoterci e di risvegliarci, in modo da farci percepire un lampo di Verità. Da lì poi possiamo incominciare a condurre una vita spirituale e a praticare una sadhana.

Il matrimonio di Narada Maharshi

C'è una storia molto interessante a proposito di *maya*, di come ci dimentichiamo di tutto e non sappiamo nemmeno di essere in *maya*; di come una cosa tira l'altra e andiamo sempre più a fondo, fino a che, con un po' di fortuna, incominciamo a pregare, a piangere per Dio e a risvegliarci.

Avrete forse tutti sentito parlare di Narada Maharshi. Narada è uno dei saggi celesti. Non è una persona sulla terra. Vive nei piani sottili di esistenza. Quando lasceremo il corpo, il che succederà a tutti, non cesseremo di esistere, ma vivremo in un piano di esistenza più sottile. Ci sono tanti mondi di questo tipo, sono detti *loka*. Narada vive in quei mondi, ma si può manifestare sulla terra e lo ha fatto varie volte. È considerato un *mahatma* molto elevato, un grande saggio.

Un giorno, era seduto nell'Himalaya, e stava compiendo *tapas*. Stava meditando in uno stato di assorbimento molto profondo, anche se non completo. Gli dèi, specialmente Indra, il re degli dèi, incominciarono a preoccuparsi un po', perché loro non sono esseri illuminati. Hanno compiuto molte buone azioni – magari sono andati a scuola e hanno preso dei buoni voti; non solo sono andati a scuola e hanno preso dei bei voti, ma hanno fatto molta beneficenza, molti riti devozionali Vedici, molte *puja* e vari tipi di *sadhana*, non necessariamente la *sadhana* per raggiungere l'*atma sakshatkara*, o la realizzazione del Sé, ma per conseguire traguardi materiali. Nei tempi antichi era così che le persone ottenevano cose molto difficili, cose che ritenevano impossibile acquisire in un altro modo. Facevano *tapas*, pregavano, compivano austerità, osservavano dei voti e cose di questo tipo. Gli dèi hanno raggiunto il loro attuale livello di esistenza attraverso le *tapas*, ma non sono esseri illuminati. Sono più potenti degli esseri umani, ma non sono santi, e tanto meno saggi.

Indra ha una caratteristica particolare: nonostante sia il re degli dèi, è sempre preoccupato che qualcuno voglia rubargli il posto. Quindi, quando vide Narada lì seduto che faceva *tapas*, *japa* e meditazione, pensò: "Narada vuole rubarmi il posto. Vuole diventare il re degli dèi." A dir la verità, a Narada non gliene potrebbe importare di meno, perché è sempre colmo di Dio, il Dio con la "D" maiuscola. Ma questo era ciò che pensava Indra. Generalmente Indra pone degli ostacoli sul sentiero dei *tapasvi*, coloro che compiono *tapas*, ed è quasi sempre lo stesso tipo di ostacolo. Manda sulla terra delle damigelle, le danzatrici del paradiso, dette *apsara*. Ha anche degli altri sistemi, e ve ne racconterò uno.

Ci fu un'altra occasione in cui un yogi stava compiendo *tapas*. Indra si preoccupò e mandò sulla terra qualcuno con un cesto di *papadam*. Sapete tutti cosa sono i *papadam*? Forse qualcuno di voi non lo sa. Mi sembra che li abbiamo mangiati la settimana scorsa come *prasad*. Sono quelle cose molto gustose, croccanti... come fare a spiegare? Non so a cosa paragonarli, perché sono

133

unici. Sono molto croccanti, fritti e saporiti, molto sottili, una specie di patatine. A tutti piacciono i *papadam*. Questo saggio, questo yogi, stava compiendo *tapas* e aveva fatto il voto di riuscire a controllare la lingua – il senso del gusto e non la parola, visto che non c'era nessuno con cui parlare – e perciò mangiava solo foglie secche, foglie che erano cadute dall'albero. Indra escogitò dunque un modo per rovinare le sue *tapas* e mandò sulla terra qualcuno con un cesto di *papadam*. L'inviato di Indra spezzettò i *papadam* e li mischiò alle foglie sparse a terra che lo yogi era solito mangiare.

Quando lo yogi finì di meditare, andò a raccogliere le foglie per mangiarne qualcuna e si accorse che avevano un sapore diverso. Le foglie non sono molto buone, sono piuttosto amare. Ma queste erano foglie eccezionalmente gustose. Mangiando quelle foglie cominciò a diventare sempre più grasso. E a causa del sovrappeso incominciò ad addormentarsi durante la meditazione. Pensava sempre alla prossima volta in cui sarebbe andato a mangiare quelle foglie deliziose. In questo modo Indra distrusse le sue *tapas*.

Naturalmente, questa può essere una storia, ma cose così capitano anche a noi. Quando cerchiamo di elevarci nella vita spirituale, non so se si tratta di Indra o di chi o cosa, da chissà dove e chissà come si presentano vari ostacoli, uno dopo l'altro, che cercano di farci cambiare strada.

Allora, Narada stava compiendo *tapas*. Indra decise di mandare giù delle *apsara*, delle damigelle. Esse scesero sulla terra con il compito di distrargli la mente dalla sua profonda concentrazione. Si misero a danzare e a cantare, con tutti gli strumenti, le *tabla*, i *mrindangam*, l'armo-nium, eccetera. Ma Narada non aprì nemmeno gli occhi. Le signorine fecero del loro meglio, ma non successe niente. Narada continuò a non aprire gli occhi e quindi le damigelle si scoraggiarono. Tornarono da Indra e gli dissero: "Abbiamo fallito."

Dopo un po', Narada aprì gli occhi, poiché non era in *samadhi* ma stava soltanto meditando, e pensò: "Devo aver davvero raggiunto la Perfezione perché le *apsara* non hanno avuto alcun effetto su di me." Si inorgoglì un po' e andò sul Monte Kailash. Voleva raccontare a qualcuno la propria grandezza, quindi andò dal Signore Shiva e gli disse: "Shivaji, hai sentito? Stavo compiendo *tapas* e Indra ha mandato giù tutte queste damigelle e la cosa non mi ha affatto turbato. Non ho nemmeno aperto gli occhi anche se sapevo cosa stava succedendo."

Allora Shiva disse: "Oh, che meraviglia! Sei davvero un grande *mahatma*. Sei perfetto! Ascolta, però, va bene averlo detto a Me, ma non dirlo a Vishnu." Vishnu è il Guru e il Dio di Narada. "Non raccontare a Vishnu di tutto questo."

Beh, ovviamente, quando qualcuno dice: "Non fare una cosa", la prima cosa a cui pensiamo è di andare a fare quella cosa. Amma racconta la storia della scimmia. Una persona malata andò dal dottore che gli prescrisse una medicina e gli disse: "Ogni qualvolta prendi questa medicina, non pensare ad una scimmia, o la medicina non farà effetto." Quando l'uomo andò a casa e fece per prendere la medicina, pensò immediatamente ad una scimmia, e non poté prendere la medicina. Perciò, se diciamo a qualcuno di non fare una cosa, sarà quella la cosa che vorrà fare.

Narada andò immediatamente da Vishnu e disse: "Hai sentito la novità? Sono diventato perfetto. Le damigelle divine non hanno alcun effetto su di me."

Vishnu disse: "Che meraviglia! Sono proprio contento di saperlo, Narada. Sapevo che eri grande – adesso so che sei perfetto! Vieni, andiamo a fare una passeggiata."

Incominciarono a camminare, e Vishnu condusse Narada in un deserto. Camminavano e faceva molto caldo. A quel punto

Vishnu disse: "Narada, ho tanta sete! Puoi andare a prenderMi un bicchiere d'acqua da qualche parte?"

Narada disse: "Oh, sì, Bhagavan. Vado a dare un'oc-chiata qui in giro." Lasciò Bhagavan e si mise a cercare. Scoprì un villaggio a circa un chilometro di distanza. Entrò in paese e arrivò ad un pozzo. Vicino al pozzo c'era una bellissima ragazza, che stava tirando su l'acqua. Lui le si avvicinò e disse: "Vorrei un bicchiere d'acqua per una persona."

Lei disse: "Non c'è problema. Venite a casa mia. Prenderò un bicchiere e vi darò l'acqua." Arrivarono alla casa. Più Narada guardava la ragazza e parlava con lei, e più incominciava ad apprezzarla. Infine decise di sposarla. Incominciò *maya*. In verità, *maya* era incominciata già da prima, a causa del suo orgoglio. Si era un po' inorgoglito per aver conquistato queste passioni. Adesso era in casa e chiese al padre della ragazza di poterla sposare.

Il padre disse: "Sicuro." Si sposarono, e Narada si mise in affari. Aprì un'attività nel villaggio, ebbe tre o quattro figli e passarono in questo modo circa sei o sette anni.

Un giorno ci fu un terribile uragano e il fiume vicino al villaggio straripò. Incominciò ad allagare ogni cosa, continuò a crescere e arrivò fino alla casa di Narada. Tutti, la moglie, i figli, salirono sul tetto, ma l'acqua continuava a salire. Erano tutti pre-occupati. Uno dopo l'atro, i figli vennero portati via dalla corrente. Fu portata via anche la moglie. Narada era disperato. Quando il fiume incominciò a trascinare via anche lui, Narada gridò con tutto il fiato che aveva in gola: "Vishnu, Narayana, salvami!". Fino a quel momento non aveva mai nemmeno pensato a Vishnu, a Narayana. Non appena gridò in quel modo, le acque si ritirarono e il villaggio scomparve; Narada si ritrovò accanto a Vishnu.

Vishnu lo guardò e disse: "Narada, dov'è il mio bicchiere d'acqua?" Erano passati otto anni in tutta quella complicata *maya*. *Maya* è così. Siamo partiti da Dio. E per qualche ragione siamo finiti in *maya*. Siamo molto coinvolti in *maya* e ad un certo punto ci rivolgeremo a Dio piangendo. In questo sogno di *maya* succede qualcosa: o troviamo una via d'uscita, o c'è qualcosa che non va e non vogliamo più andare avanti in questo sogno, e allora piangiamo rivolgendoci a Dio. È l'inizio della fine del sogno. Poi ritorniamo da dove veniamo, a Dio.

Ciò è possibile e di solito si verifica grazie alla compagnia di un *mahatma*. Altrimenti, per nostra volontà, non succede. Sono necessarie le benedizioni o la compagnia di un santo come Amma, o magari di un santo che non riusciamo a vedere, qualcuno che ha lasciato il corpo. Oppure leggiamo un libro sacro che forse abbiamo letto molte altre volte: ma quando lo leggiamo questa volta ha un significato tale che cambia completamente la nostra vita. Siamo diventati seriamente interessati alla vita spirituale.

Il Signore Ganesh, il mercante e il mendicante

Questo mi fa venire in mente una storia. Credo che sia una storia vera, anche se non posso garantirvelo perché non ero presente. Alcuni turisti in India si stavano recando a visitare vari luoghi caratteristici. Alla periferia di una città che stavano visitando c'era una foresta. Entrarono nella foresta, pensando che ci fosse qualcosa di bello da vedere, magari un tempio o qualcosa di simile. Dopo essersi inoltrati parecchio nella foresta, si trovarono di fronte ad un *sannyasi* seduto sotto un albero. Gli dissero: "Swamiji, siamo turisti. Conoscete qualche bel posto qui vicino che potremmo visitare?"

Lo swami rispose: "A dire il vero, se continuate ancora per qualche chilometro, arriverete ad un villaggio. Lì c'è un meraviglioso tempio dedicato a Ganesh e quel Ganesh non è un semplice Ganesh. Non è soltanto un'immagine in pietra, è vivo."

Essi risposero: "Oh, Swamiji, sono tutte sciocchezze. Come fate a dire una cosa simile?"

E lo Swami disse: "Lo so con sicurezza. Vi racconterò una storia accaduta lì. In quel villaggio c'erano due persone molto devote a Ganesh; una era un mercante molto ricco, e l'altra un mendicante cieco. Il mendicante cieco era solito sedere tutto il giorno di fronte al tempio, con un piccolo pezzo di stoffa steso per terra, in attesa di qualche monetina da parte dei devoti. Il ricco mercante arrivava ogni mattina, entrava nel tempio di Ganesh e pregava: 'Ganesh, ti prego, oggi fammi guadagnare centomila rupie nei miei affari.' La sera, il mercante ritornava. Di solito aveva avuto esiti molto positivi, quindi tornava a ringraziare Ganesh.

"Un giorno, il mendicante cieco non ricevette niente da mangiare e nessuna elemosina. Niente! Aveva anche famiglia. E la famiglia soffriva la fame. Il mendicante entrò nel tempio in lacrime, si avvicinò a Ganesh e disse: 'Ganesh, come fai a lasciare che Tuo figlio soffra la fame in questo modo? Ieri io e la mia famiglia non abbiamo mangiato. Non abbiamo denaro. Perché sei così indifferente nei nostri confronti? Perché sei così crudele?'

Il mendicante uscì dal tempio piangendo. Il mercante stava entrando nel tempio proprio in quel momento, quando sentì dei rumori all'interno del tempio. C'erano due voci che parlavano, una femminile ed una maschile. La donna parlava all'uomo e diceva: 'Figlio, perché sei così indifferente al tuo devoto? Perché non puoi concedergli un po' della tua grazia? È seduto qui davanti da così tanti anni!' Allora la voce maschile disse: 'Hai ragione, Madre. Entro domani pomeriggio lo renderò milionario.' Chi era la donna? La Madre di Ganesh, Parvati Devi.

"Il mendicante non aveva sentito niente, ma il mercante aveva sentito tutto. Fece due più due e capì cosa stava succedendo. Era molto intelligente e anche molto disonesto. Fece *namaskar* a Ganesh, uscì dal tempio, si avvicinò al mendicante e disse: 'Ti darò cento rupie, ma ad una condizione: che tutto quello che domani riceverai in elemosina tu lo dia a me.'

"Beh, il mendicante sapeva che non avrebbe ricevuto che qualche centesimo, quindi disse: 'Questo è proprio un affare! Prenditi pure tutto quello che riceverò domani. Io mi prendo le cento rupie.' Accettò le cento rupie e andò a comprare da mangiare per la sua famiglia. Era molto contento.

"Quella notte il mercante non riuscì a chiudere occhio, tanta era l'eccitazione. Il giorno dopo avrebbe intascato per lo meno un milione di rupie. Il giorno dopo arrivò al tempio alle undici, si mise a sedere lì vicino e restò ad osservare. Nella ciotola del mendicante non entrò nemmeno un centesimo. Aspettò fino a mezzogiorno, ma non successe niente. Arrivò l'una, niente. Le due, ancora niente. Il mercante era veramente frustrato, entrò nel tempio e incominciò a gridare: 'Che razza di Dio sei? Ho perso cento rupie fidandomi di Te.' Incominciò ad insultare Ganesh in tutti i modi.

"Poi, all'improvviso, sentì che qualcosa lo afferrava intorno al collo. Abbassò lo sguardo; era la proboscide di un elefante. Lo stringeva forte e lo stava spingendo contro il muro. Una voce disse: 'Razza di disonesto! Adesso farai meglio a gridare e a chiamare il tuo commercialista. Digli di venire qui.' Il mercante continuò ad urlare ed infine il commercialista in qualche modo lo venne a sapere ed arrivò di corsa. La voce disse: 'Adesso digli di dare un milione di rupie a quel povero mendicante.'

"Avete capito la storia? Così, il mercante diede un milione di rupie al mendicante. E grazie al tocco di Ganesh la sua mente subì una completa trasformazione. Quella sera andò a casa, diede metà dei suoi averi alla sua famiglia e distribuì l'atra metà tra tutti i poveri che conosceva. Andò a sedersi sotto un albero e incominciò a compiere pratiche spirituali. Si abbandonò a Dio e raggiunse la pace della mente."

Dopo aver ascoltato il racconto i turisti dissero: "Swamiji, è una storia molto bella, ma come facciamo a credere che una cosa così sia davvero successa? Che un Ganesh in pietra possa prendere vita, afferrare qualcuno per il collo e fare tutte queste cose, parlare e via dicendo?" Poi aggiunsero: "Avete visto quella persona? Potete darci qualche prova? Conoscete qualcuno che sia stato presente al fatto?"

Allora lo swami, con un'aria molto tranquilla – era sempre molto calmo, visto che aveva raggiunto la pace mentale – disse: "Quel mercante ero io."

Altri versi di Bhartrihari

Questo è il modo in cui una persona è cambiata grazie al tocco di Dio, ma grazie al tocco di Amma molte persone sono cambiate e da quel momento in poi hanno condotto una vita spirituale. Una volta che siamo cambiati e abbiamo deciso di andare alla ricerca di qualcosa di eterno, quando abbiamo incominciato a considerare il mondo come una cosa davvero transitoria, che non dura molto a lungo, qual è il passo successivo? Abbiamo letto nei primi settanta versi di Bhartrihari che tutto ciò che consideriamo prezioso in questo mondo – il nostro corpo, le nostre ricchezze, la nostra famiglia, tutto – ci dovrà lasciare, e che anche noi ce ne dovremo andare. I cosiddetti affetti ed attaccamenti che tutti sembrano avere l'uno per l'altro possono svanire in ogni istante. Che cosa fare a questo punto? La settimana scorsa abbiamo interrotto la lettura del *Vairagya Satakam* a questo punto. Dopo aver rivelato la natura di *maya* e della vita materiale, e averci dato uno scossone, Bhartrihari continua:

"Quando l'onore è sbiadito, la ricchezza sfumata, chi vi chiede un favore se ne va deluso, gli amici sono diminuiti, i risparmi finiti, e la giovinezza gradualmente è decaduta, rimane solo una cosa da fare per il saggio: prender dimora da qualche parte

in un boschetto vicino ad una vallata dell'Hima-laya, dove le rocce sono purificate dalle acque del Gange."

Quando abbiamo raggiunto lo stadio in cui tutte le illusioni del mondo ci hanno lasciato, quando vediamo che nel mondo non c'è niente di valore, allora qual è il passo successivo? Andare sulle rive del Gange nell'Himalaya a compiere *sadhana* per realizzare Dio. È quello che fece Bhartrihari. Questa è la ragione per cui lo consiglia anche a noi.

"Incantevoli sono i raggi della luna. Incantevoli i prati erbosi in prossimità della foresta. Incantevole il piacere della compagnia dei saggi. Incantevole la letteratura in prosa e in versi. Incantevole il volto dell'amata che nuota in lacrime di simulata collera. Ogni cosa è affascinante, ma niente lo è quando la mente è dominata dall'evanescenza delle cose."

Tutte queste cose sono così belle – l'erbetta sulle colline, le poesie, la compagnia di brave persone, i raggi della luna, il volto dell'amata. Ma quando la mente si è risvegliata al *vairagya*, quando si è compresa la natura evanescente delle cose, che scompaiono davanti ai nostri occhi, niente è più così incantevole.

"I desideri si sono logorati nel nostro cuore. Ahi-mè, la gioventù ha lasciato il nostro corpo. Le virtù si sono dimostrate sterili per mancanza di ammiratori che le sapessero apprezzare. La potente ed inesorabile Morte, che distrugge ogni cosa, si sta avvicinando velocemente. Che cosa fare? Povero me! Non vedo altro rifugio se non i piedi di Colui che distrusse Cupido."

Chi è Colui che distrusse Cupido? Il Signore Shiva. Si dice che il Signore Shiva, quando il Suo terzo occhio si aprì, ridusse in cenere Cupido, il dio dell'amore, *kama*. Ciò significa, ovviamente, che soltanto se si apre il terzo occhio, soltanto se si raggiunge la visione del Sé o la realizzazione di Dio, il desiderio sessuale, *kama*, può essere distrutto completamente. Ciò è possibile soltanto con la realizzazione di Dio. Bhartrihari sta dicendo che per trascendere la morte, in questa *maya* che avanza velocemente, non c'è altra speranza eccetto il Signore.

"Seduti in pace nelle notti in cui tutti i suoni si fondono nel silenzio, da qualche parte sulle rive del paradisiaco fiume Ganga, che brilla della bianca e splendente luce della luna, timorosi delle sofferenze della vita e della morte, gridando 'Shiva! Shiva! Shiva!'; ah, quando raggiungeremo l'estasi, con le sue copiose lacrime di gioia?"

Quando saremo in grado di restare seduti al chiaro di luna in riva al Gange piangendo per Dio, timorosi delle miserie della vita e della morte? Quando arriveremo alla beatitudine della realizzazione di Dio, con lacrime di estasi che ci scorrono giù dalle guance?

"Dando via tutti i nostri averi con un cuore pieno di compassione, ricordando il corso del destino che in questo mondo ha fine nei rimorsi, meditando sui piedi di Shiva, il nostro unico rifugio, oh, trascorreremo nella foresta sacra notti illuminate dalla luna piena d'autunno!"

Qual è la fine piena di rimorsi dei nostri destini? La morte.

"Quando passerò i giorni in un baleno, vivendo sulle rive del Ganga a Varanasi, indossando soltanto un pezzo di stoffa, con le mani giunte sollevate sulla fronte, gridando: 'O Gaurinatha, Signore di Gauri, Tripurahara, Tu che hai ucciso Tripura, Shambo, Tu che concedi ogni cosa, Trinayana, dai tre occhi, abbi misericordia di me!'?"

Quando verrà il giorno in cui potrò vivere a Kashi, a piangere sulle rive del Gange?

"Coloro che mangiano soltanto dalla mano…"

Ovvero coloro che non hanno nemmeno una ciotola per l'elemosina. Alcuni *sannyasi* non hanno nemmeno quella. Vanno in giro per le case e tendono la mano per ricevere l'elemosina.

> *"Coloro che mangiano soltanto dalla mano, che sono soddisfatti del cibo mendicato, che riposano in qualunque posto, che non hanno bisogno di una casa o di un letto, che considerano costantemente l'universo come un filo d'erba, che, anche prima di lasciare il corpo, sperimentano l'ininterrotta Beatitudine Suprema; per questi yogi, in verità, il sentiero diventa per grazia di Shiva raggiungibile."*

Il sentiero è la *moksha*, la liberazione suprema.

> *"O Madre Lakshmi, Dea della ricchezza, servi qualcun altro. Non volere me. Coloro che desiderano i piaceri sono soggetti a Te, ma cosa sei Tu per noi che siamo liberi dai desideri?"*

Tutti a questo mondo – eccetto i *sannyasi* – pregano Lakshmi. In un modo o nell'altro, direttamente o no, fanno tutto quello che possono per arrivare a Lakshmi, che significa ricchezza, prosperità, divertimenti, piacere. Ma i *sannyasi* non hanno desideri di questo tipo, vogliono qualcosa di più della felicità materiale, della beatitudine mondana. Vogliono la beatitudine della realizzazione di Dio. Quindi, Ti prego, Lakshmi, non venire da me. Va' dalle persone che ti vogliono.

> *"La terra è il suo letto. Le braccia il suo cuscino. Il cielo il suo tetto. La brezza il suo ventaglio. La luna la sua lampada. E godendo in compagnia della rinuncia, sua moglie, il saggio giace felice e in pace come un re."*

Che bella immagine! Per un *mahatma*, Madre Natura è il suo tutto. La brezza il suo ventaglio. La luna la sua lampada. Il distacco, la rinuncia, è sua moglie, e va a dormire come un re in piena gloria.

"Verranno a me quei giorni felici quando, sulle rive del Gange, seduto nella posizione del loto su un masso nell'Himalaya, entrerò in samadhi, grazie ad una pratica regolare di meditazione su Brahman, quando persino le antilopi, non avendo niente da temere, verranno a strofinarsi contro il mio corpo?"

Verrà mai il momento in cui mi siederò in *samadhi* nell'Himalaya e sarò talmente assorbito in Dio che perfino le antilopi mi scambieranno per un albero e si strofineranno contro di me?

Questo è l'ultimo verso:

"O terra, mia madre, o vento, mio padre, o fuoco, mio amico, o acqua, mia congiunta, o cielo, mio fratello. A mani giunte vi rendo il mio ultimo saluto. Avendo trasceso maya e il suo incredibile potere grazie all'ampiezza di una conoscenza pura risplendente dei meriti acquisiti tramite la mia comunanza con voi, mi fondo ora nella realtà suprema, Brahman."

Namah Shivaya.

9 bhajan come pratica spirituale

"Al crepuscolo l'atmosfera è satura di vibrazioni impure. Questa è l'ora in cui il giorno e la notte si incontrano e per il sadhak è il momento migliore per meditare, perché può raggiungere una buona concentrazione."

Cosa intende Amma quando dice che al crepuscolo l'atmosfera diventa impura? Siamo al calar del sole, e molte attività negative hanno luogo dopo il tramonto. Negative nel senso che possono disturbare la pace mentale del *sadhak*. Per esempio, tutti i furti, le attività illecite e cose di questo tipo generalmente si verificano la notte. E ce ne sono molte. Magari noi non le facciamo, ma ciò non significa che non succedano. Ci sono molte persone che rubano e combinano malefatte con la protezione della notte.

Inoltre, quando viene la sera aumenta il desiderio di divertimenti e piaceri. Durante il giorno tutti lavorano, e la sera si vogliono divertire. Quindi queste vibrazioni sono nell'atmosfera e rendono le cose difficili a chi sta cercando di meditare. Perciò Amma dice che a quell'ora l'atmosfera non è pura. Come dicevamo l'altro giorno mentre commentavamo questi versi, la terra non è soltanto un ammasso di sabbia e acqua. È un essere vivente, proprio come noi. Noi non siamo soltanto il corpo fisico, che costituisce solo l'aspetto più grossolano del nostro essere. Abbiamo una mente, la forza vitale, e poi l'anima, l'"Io', il nostro vero Sé. È il nucleo più interiore del nostro corpo, per così dire.

Il corpo è soltanto la parte fisica del Sé. Analogamente, il corpo fisico di Madre Terra, o Bhudevi, come è definita nelle Scritture, è ciò che chiamiamo "Terra". Essa ha inoltre la forza vitale, una mente e anche un'anima, proprio come noi. L'anima non ha forma o dimensioni, quindi Madre Terra non è né più grande né più piccola di noi. L'anima è soltanto un punto, per così dire.

Ma proprio come il nostro corpo durante la giornata subisce dei cambiamenti, anche Madre Terra cambia. Immaginiamo di essere un microbo all'interno del nostro corpo. Sappiamo che non siamo soli in questo corpo. Pensateci. Cosa succede quando il corpo muore? Viene sepolto, e i vermi se lo mangiano. Da dove vengono i vermi? Non certo dall'esterno. Sono dentro di noi. Oppure supponiamo che il corpo non sia sano; sarà preda di un sacco di malattie. E i germi che sono già presenti diventano più forti. La forza vitale si indebolisce, il corpo si ammala e muore. Dunque, supponiamo di essere un microbo dentro il corpo di qualcuno, e questa persona si gira all'improv-viso: "Oh no, sta arrivando un altro terremoto!" Oppure la persona russa e noi pensiamo: "Sta per esplodere un vulcano!" In modo analogo, anche noi siamo piccoli, minuscoli esseri sul corpo di Madre Terra. Bhudevi ha i suoi umori, per così dire, in vari momenti della giornata. Al mattino, per esempio, certe persone si svegliano e sono freschissime; riescono a meditare e a fare quello che devono fare. Altri invece non riescono nemmeno ad alzarsi, per quanto ci provino. Si sentono malissimo; vanno al rallentatore. Alcune persone sono "notturne", sono piene di vita la notte. Altre non riescono a restare sveglie dopo aver cenato.

Pertanto, il nostro corpo ha i suoi tempi. Allo stesso modo, anche Bhudevi ha i suoi tempi. A parte le piccole vibrazioni che creiamo noi, minuscole particelle con tutti i nostri pensieri, Bhudevi si comporta in modi diversi ad orari diversi.

La sera e la mattina non sono considerati dei buoni momenti per un *sadhak*, per qualcuno che vuole controllare la propria mente. Un *sadhak* deve comportarsi come un uomo d'affari, ovvero deve fare il miglior uso possibile del proprio tempo. Il proprietario di un negozio è sempre all'erta per riconoscere l'ora di punta, il momento in cui tutte le persone passeranno davanti al negozio; sarà allora che sistemerà per bene la vetrina, in modo da approfittare di quelle ore. Non significa che non venderà niente né prima né dopo, ma il massimo delle vendite si verificherà durante l'ora di punta.

Analogamente, un *sadhak* dovrebbe approfittare dell'o-ra migliore per compiere le sue pratiche spirituali. Ciò non significa che non dobbiamo fare *sadhana* in altri momenti, ma che trarremo il massimo beneficio in quel particolare lasso di tempo. Quindi Amma dice che, nonostante a quel-l'ora l'atmosfera sia impura, e le vibrazioni mondane siano maggiori, per una ragione o per l'altra quello è anche il momento migliore per cercare di compiere le proprie pratiche. Esiste anche un altro elemento nell'atmosfera, e chiunque abbia fatto *sadhana* per qualche anno è in grado di percepirlo. A quell'ora, proprio prima che sorga il sole e subito dopo il tramonto, la mente diventa più tranquilla.

Ecco cosa dice Amma:

"Se non si compie la sadhana, si manifestano più pensieri materiali. Questa è la ragione per cui al crepuscolo bisognerebbe cantare i bhajan a voce alta. In questo modo, anche l'atmosfera verrà purificata."

Amma dice che a quest'ora la *kundalini shakti*, la forza vitale in noi ed in Madre Natura, diventa più forte. Tutto ciò che è in noi incomincia a venire in superficie. Se siamo prevalentemente spirituali, a quell'ora diventeremo più spirituali. La nostra tendenza a meditare, a pensare a Dio o a pregare aumenterà. Intuitivamente avremo voglia di fare queste cose. Le persone mondane, che non hanno alcuna tendenza spirituale, si sentiranno invece molto più attive da un punto di vista materiale. Al tramonto, il loro desiderio di attività mondane, piaceri, divertimenti o sonno aumenterà di molto. Amma dice che un *sadhak* dovrebbe utilizzare questo periodo per la *sadhana*, perché c'è la possibilità che le sue *vasana* negative, le *vasana* mondane, aumentino. Dovrebbe farne il miglior uso possibile e combattere le forze negative.

La maggior parte di noi non si rende nemmeno conto di tutte queste cose. Ci alziamo la mattina, andiamo al bagno, facciamo colazione, andiamo al lavoro, torniamo a casa, facciamo le nostre cose e poi andiamo a dormire. È questa la vita della maggior parte della gente. Ma un *sadhak* non è così. Un *sadhak* deve fare molta attenzione a tutto ciò che succede, sia all'esterno che nella propria mente. Le parole di Amma sono per chi vuole diventare vigile, fare attenzione e approfittare di tutto per il proprio progresso spirituale.

Madre Natura ha tre aspetti. Uno è *sattva*. *Sattva* significa calma, serenità, tranquillità. Pensate ad una distesa d'acqua molto tranquilla, oppure al panorama che si gode dalla cima di una montagna. Come si sente la vostra mente in quei momenti? Queste sono sensazioni sattviche. Il colore di *sattva* è il bianco.

Poi c'è *rajas*. *Rajas* è attività, irrequietezza, ambizione, calore. Il colore di *rajas* è il rosso. Poi c'è *tamas*. *Tamas* è inerzia, indolenza, errore, sonno, pigrizia, indifferenza, testardaggine, il continuare a fare una cosa non buona, oppure sbagliata. Il colore di *tamas* è il nero.

I *bhajan* sono una *sadhana* rajasica, una *sadhana* che ha in sé molteplici attività. Si usano il corpo, la mente, le emozioni, eccetera. Non si cerca di spegnere tutto e di rivolgere lo sguardo all'interno, verso la sorgente. Si usa tutto e lo si concentra verso un solo punto.

I *bhajan* non sono una *sadhana* sattvica perché sono molto attivi. Amma dice che questo è il tipo di *sadhana* necessario per combattere le tendenze negative dell'ora serale. A volte è bene combattere il fuoco col fuoco, e questo è uno di quei casi.

"Figli, poiché l'atmosfera nel Kali Yuga è piena di rumori, per raggiungere la concentrazione i bhajan sono più efficaci della meditazione."

Stavo pensando a questo verso mentre meditavamo qualche minuto fa, all'inizio del *satsang*, e notavo i rumori. C'era un aeroplano che passava qui sopra, un bambino che piangeva da qualche parte, una mucca che muggiva, qualcuno che apriva e chiudeva una porta dall'altro lato della casa. Così tanti suoni. Gli uccelli cinguettavano. Sono tutte cose inevitabili. Per chi non ha una mente forte e concentrata, ogni piccolo rumore diventa un disturbo quando sta cercando di meditare. Quindi Amma dice che non c'è bisogno di combattere contro i rumori del Kali Yuga. Anneghiamoli nei *bhajan*.

Mi ricordo un episodio molto divertente successo molto tempo fa a Vallickavu. Una sera eravamo tutti seduti insieme, quando i vicini, che erano distanti soltanto una ventina di metri da noi, incominciarono a litigare. Dire che litigavano non rende l'idea. Era una guerra. Urlavano, gridavano, si tiravano cose; non riuscivamo a crederci. Non avevo mai sentito nessuno litigare in questo modo; era una battaglia all'ultimo sangue. E in quel momento c'erano molte persone venute per ricevere il *darshan* di Amma. Sapete Amma cosa ci chiese di fare? Avevamo una specie di impianto stereo, piuttosto antiquato e anche malridotto. Amma disse: "Alzate il volume al massimo!" Mettemmo una cassetta di *bhajan*, e il volume era così alto che non si riusciva nemmeno a capire che cassetta fosse! Il suono era completamente distorto, ma

149

perlomeno non sentivamo cosa succedeva a casa dei vicini. Non sentivamo altro che rumore!

Quando leggo questo verso di Amma mi viene in mente quell'episodio. Magari Amma nel dire questo avrà pensato anche Lei a quell'avvenimento. Possiamo dunque trascendere tutti i rumori facendo dell'altro rumore. Questa è una delle ragioni per cui cantiamo i *bhajan*. Forse non ce n'eravamo accorti, ma è uno dei motivi. Se cerchiamo di meditare, la nostra mente verrà distratta da ogni piccolo suono. Ma quando cantiamo i *bhajan*, un suono estraneo non è affatto un elemento di distrazione nella concentrazione. Naturalmente però, la ragione per cui cantiamo i *bhajan* è che il nostro cuore vi si immerge. Il nostro cuore si apre, e raggiungiamo più concentrazione che in ogni altro momento della nostra vita. E quindi è una *sadhana* molto efficace.

"Per la meditazione è necessario un ambiente tranquillo. Per questa ragione, per raggiungere la concentrazione sono più efficaci i bhajan. Cantando ad alta voce si supera la distrazione prodotta da altri suoni e si raggiunge la concentrazione. Oltre la concentrazione c'è la meditazione. Bhajan, concentrazione, meditazione – è questa la progressione. Figli, meditazione è il ricordo costante di Dio."

Che cos'è questo Kali Yuga di cui parla Amma? All'inizio del brano ha detto che questo *"Kali Yuga è pieno di rumori"*. Kali Yuga, secondo la tradizione, è una divisione del tempo. Corrisponde all'età del ferro. C'è l'età dell'oro, dell'argento e del bronzo. Quindi, Kali Yuga è l'era del materialismo. È il lungo periodo in cui predomina il materialismo. Ho pensato di leggervi qualcosa a proposito del Kali Yuga, che è stato scritto molte migliaia di anni fa, ancora prima dell'inizio del Kali Yuga, da un saggio che descrisse cosa sarebbe successo in futuro.

Quando descrisse tutto questo, le cose non erano affatto come sono oggi. Le persone erano molto dharmiche. Vivevano una vita in completo accordo con le tradizioni. Il loro ideale era il *dharma*, fare il proprio dovere, raggiungere la visione di Dio e compiere sempre delle buone azioni. Una vita molto ben equilibrata. Quindi c'è da stupirsi notando l'accuratezza delle previsioni del *mahatma*.

Il saggio sta parlando del passare del tempo e dell'ini-zio del Kali Yuga:

"Da quel momento in poi, giorno dopo giorno, in virtù del Tempo onnipotente, giustizia, purezza della mente e del corpo, perdono, compassione, durata della vita, forza corporea e memoria declineranno. Nel Kali Yuga la ricchezza sarà l'unico criterio di nobiltà e l'unico criterio di moralità e meriti. Inoltre, il potere sarà l'unico fattore a determinare chi ha ragione. I piaceri personali saranno il fattore decisivo nel scegliere il partner della propria vita e la disonestà sarà la sola forza trainante negli affari.

"La giustizia avrà ogni probabilità di essere viziata dall'abilità di gratificare chi la amministra. La mancanza di ricchezze sarà l'unica prova di malvagità. E l'ipocrisia sarà l'unico criterio di bontà. Portare i capelli lunghi sarà considerato l'unico segno di bellezza. Riempirsi la pancia sarà l'unico scopo dell'uomo. L'abilità consisterà nel mantenere la propria famiglia. Saranno compiute opere virtuose soltanto con l'obiettivo di raggiungere la fama. E quando in questo modo il globo terrestre sarà infestato da gente malvagia, governerà la persona che si dimostrerà più potente.

"Derubate della loro ricchezza da governanti avidi e spietati che si comportano come ladri, le persone si rifugeranno sulle montagne e nelle foreste, e vivranno di foglie e radici, miele, frutta e fiori. Già estenuati dalla fame e dalle tasse, gli uomini moriranno a causa di siccità, freddo, tempeste,

sole, piogge torrenziali, nevicate e conflitti reciproci. Nell'era di Kali, gli uomini saranno tormentati dalla fame e dalla sete, da malattie e da preoccupazioni, e vivranno non più di venti o trent'anni."

Il saggio non sta ovviamente parlando del periodo attuale, ma di tutto il Kali Yuga. Le cose non faranno che peggiorare. Alla fine, la gente vivrà solamente venti o tren-t'anni.

"Quando, attraverso l'effetto malefico di Kali, il corpo dell'uomo si ridurrà in grandezza e diventerà emaciato, il giusto cammino tracciato dai Veda andrà perduto. Allora la religione verrà ampiamente rimpiazzata dall'eresia e la maggior parte dei governanti si riveleranno dei ladri. Quando gli uomini si daranno ad attività come il furto, la distruzione immotivata della vita, e così via, le mucche saranno piccole come capre, e daranno altrettanto latte. La crescita delle piante annuali si arresterà e alberi più piccoli diventeranno la norma. Le nuvole, invece di dare pioggia, emetteranno quasi sempre lampi e fulmini. E le dimore appariranno per lo più desolate, a causa della mancanza di ospitalità verso gli sconosciuti."

Questo è molto interessante. Siete mai entrati in una casa che sembrava così desolata che avreste preferito non essere lì, anche se era abitata? È questo che dicono i saggi. La ragione sono le vibrazioni negative, generalmente causate dall'avidità e taccagneria delle persone che vi abitano. Non offrono alcuna ospitalità a chi viene a casa loro. Vogliono soltanto toglierseli di torno il prima possibile, per paura di dover offrir loro da mangiare o dar loro qualcosa. Oppure le vibrazioni possono essere negative a causa delle liti che avvengono in quella casa. Anche se non sappiamo quali siano le cause, possiamo sentirne l'effetto. Analogamente, se entrate in una casa in cui le persone meditano e cantano i *bhajan* regolarmente, e la sera hanno il *satsang*, lì proverete pace.

"Così, quando il Kali Yuga, il cui corso è così severo per la gente, sarà quasi finito, il Signore apparirà per proteggere la virtù."

Alla fine del Kali Yuga, si dice che Bhagavan Vishnu scenderà sulla Terra, proprio come scese in passato nella forma di Rama e di Krishna. Verrà di nuovo, nella forma di Kalki, e migliorerà molto le cose. Arriverà l'età dell'oro. Non succederà adesso, ma tra molto tempo, tra circa 420.000 anni. E tra tutti gli Yuga, tra tutte le ere, questa è la più breve. Il nostro senso del tempo non è come quello di Dio. Il tempo di Dio è come il tempo di Madre Natura. Magari piantiamo un seme e un'ora dopo andiamo a controllare se è germinato. Ma questo non è il tempo di Dio. Dio mette il seme e Dio lo farà germogliare. Ci possono volere mesi, o addirittura un anno. Ci possono volere vent'anni per avere un albero e i suoi frutti. Quindi, dal punto di vista della nostra concezione del tempo, il sistema degli yuga è gigantesco.

"Se i bhajan si cantano senza concentrazione, è solo uno spreco di energia. Se si cantano con una mente focalizzata, saranno di beneficio a chi li canta, a chi li ascolta e anche alla natura. Questi canti, a tempo debito, aiuteranno a risvegliare la mente degli ascoltatori."

Dovremmo ricordarcene. È molto importante, perché i *bhajan* sono parte integrante della *sadhana* alla presenza di Amma, della vita di Amma e dei Suoi devoti. Dovremmo farli con concentrazione. Quando cantiamo, dovremmo cercare consciamente di fissare la nostra mente su di un punto. Quel punto può essere qualsiasi cosa. Può essere il punto tra le sopracciglia, può essere una forma, o un sentimento, una luce, qualsiasi cosa su cui voi vogliate concentrarvi. Ma cercate di portare la vostra mente su un solo punto e, con tutto il vostro cuore, cercate di fondere la vostra mente in quel punto, considerandola la cosa più importante. I *bhajan* vanno cantati in questo modo. Se i *bhajan* di qualcuno vi colpiscono, è un sintomo che quella persona li canta con molta concentrazione. Non ha niente a che vedere con la qualità o il tono della loro voce. Se qualcuno è in grado di risvegliare la spiritualità di altre persone attraverso il canto, è grazie alla concentrazione della sua mente.

L'imperatore Akbar e il musico Tansen

C'è una bella storia a questo proposito. C'era un grande musico di nome Tansen. Non so quanto tempo fa sia vissuto. Quattro o cinquecento anni fa? Era il periodo in cui Akbar era imperatore a Delhi. Tansen era il musico di corte di Akbar. Avrete tutti sentito parlare di Akbar, era un re famoso. Non era un fanatico, era un re di mentalità molto aperta e patrono di tutte le varie arti e religioni. La musica di Tansen era fantastica. Non c'era mai stato un musico così bravo come Tansen. Per questo motivo era uno dei gioielli alla corte di Akbar. Un giorno, Akbar pensò: "Se Tansen è così eccellente, come sarà il suo guru? Voglio davvero sentire il suo guru cantare una canzone."

Disse a Tansen: "Voglio sentire una volta il tuo guru cantare." Cosa poteva dire Tansen? Akbar era il suo datore di lavoro. Così disse: "Va bene, andiamo." Si recarono a Vrindavan. Vrindavan non è molto distante da Delhi. Il suo guru viveva lì. Vrindavan è un luogo sacro in India, proprio come Gerusalemme lo è in occidente. Vrindavan è uno dei posti più sacri in India; è il luogo in cui Krishna visse per molti anni. A Vrindavan ci sono migliaia di ashram. Loro si recarono all'ashram del guru di Tansen, Haridas Swami. Ancora oggi potete andare in quell'ash-ram, e la sua tomba, il *samadhi*, è lì. C'è una fortissima presenza, una pace incredibile in quell'area.

Akbar si era vestito con abiti comuni. Quando arrivarono, lo *swami* era seduto nella sua stanza. Essi entrarono, si inchinarono e si sedettero. Haridas guardò Akbar e disse: "Oh, è venuto l'imperatore." Aveva capito immediatamente chi era grazie alla sua percezione divina. Akbar continuava a fare dei gesti a Tansen affinché questi chiedesse al guru di cantare un canto. Ma non è educato chiedere ad un *mahatma* di cantare. Tansen era molto intelligente, e quindi cosa fece? Cantò un motivo che gli aveva insegnato Haridas, ma fece qualche errore; così Haridas cantò la stessa canzone nel modo giusto, per insegnargli a cantarla. Quando Akbar sentì quel canto, entrò in estasi.

Poi i due presero commiato da Haridas e ritornarono a Delhi. Akbar continuava a pensare alla beatitudine che aveva provato con quel canto. Il giorno dopo chiamò Tansen e disse: "Tansen, non riesco a dimenticare la beatitudine che ho provato. Voglio che tu mi canti di nuovo quel canto." Tansen cantò lo stesso motivo e Akbar rimase lì seduto senza fare una piega. Quando finì, disse: "Non ho provato niente. Qual è il problema? È lo stesso canto." Allora Tansen rispose: "Maharaj, se non vi arrabbiate con me, vi dico qual è il problema." Akbar disse: "D'accordo, dimmi cos'è." La risposta fu: "Il mio guru cantava per far piacere a Dio. Io canto per far piacere a voi."

Cantare per far piacere a Dio è completamente diverso dal cantare per far piacere al pubblico. Può esser molto bello, ma non c'è paragone. È come il giorno e la notte.

Quindi, quando cantiamo i *bhajan*, il nostro obiettivo dovrebbe essere di avere talmente tanta concentrazione da diventare un tutt'uno con Dio. Allora, anche le persone attorno a noi proveranno lo stesso amore e lo stesso assorbimento nel loro cuore.

Namah Shivaya.

Il cibo e la sadhana – 1

Prima del tour stavamo leggendo "Per i Miei Figli", il libro che raccoglie trecento citazioni di Amma, ed eravamo arrivati fino alla citazione centosessantasei, dedicata all'egoismo. Adesso proseguiamo con il capitolo successivo, che tratta del cibo.

> *"Senza rinunciare al gusto della lingua non si può godere del gusto del cuore."*

Questa è un'affermazione decisamente mistica, come del resto lo sono tutte quelle di Amma. Il cibo è senza dubbio molto importante. La vita dipende dal cibo. Se osservate il regno animale, la maggior parte della vita è passata alla ricerca del cibo, e il resto a dormire. La maggior parte di noi guadagna il necessario per poter mangiare, e in secondo luogo per potersi divertire e vivere bene, con una casa e altre comodità. Ma lo scopo principale del denaro è la vita, ovvero il cibo. Molte persone passano ore a cucinare e a riordinare dopo aver cucinato, e a comprare ingredienti per cucinare. Amma non sta sminuendo l'importanza del cibo. Il cibo è considerato una manifestazione di Dio. Il cibo è *Brahman*; così affermano le *Upanishad*. Ma Amma dice che il piacere del gusto non è così importante come il cibo. Questa citazione riguarda più il gusto che il cibo in sé.

L'uomo non è soltanto un corpo fisico che sopravvive grazie al cibo. Ha cinque guaine, cinque corpi, detti *kosha* in sanscrito.

Proprio come una cipolla ha molti strati intorno al suo centro, ci sono cinque strati intorno all'*Atman*, il nostro 'Io', l'essere, l'anima.

Lo strato più esteriore è il corpo grossolano, il corpo fisico composto dal cibo. È detto *annamaya kosha*, il *kosha* costituito da *annam*, ovvero il cibo. Poi viene il *pranamaya kosha*, la guaina composta dalla forza vitale, la forza della vita in noi. Poi il *manomaya kosha*, la parte di noi che costantemente pensa e prova sensazioni, ovvero la mente, il rumore che abbiamo sempre dentro. E quando questo stesso organo, la mente, viene usato per pensare ad una cosa specifica, per discernere, capire o decidere, è chiamato *vijnanamaya kosha*, o intelletto. L'organo interiore è lo stesso, la mente, ma in questo caso la sua funzione è quella di comprendere. E quando sperimentiamo felicità nella nostra vita sensoriale, questa felicità non proviene dagli oggetti dei sensi, ma da qualcosa detto *anandamaya kosha*, lo strato della beatitudine. Quando vi addormentate e siete così pieni di pace e felicità che non volete svegliarvi, questa beatitudine deriva dall'*ananda-maya kosha*. Quando ottenete qualcosa che desiderate e vi sentite felici, questa beatitudine proviene dall'*anandamaya kosha*, la guaina della beatitudine.

Ma l'essere più interiore, il soggetto di tutte queste cose, il nucleo di tutto questo è l''Io', l'anima, l'*Atman*. È molto più importante delle altre cose. Quando l'*Atman*, l'anima, lascia il corpo, abbandona il corpo fisico e si porta con sé la mente, la forza vitale, per occupare il corpo successivo. Ma l'essenza è il nostro vero Sé, l'*Atman*, l''Io' che splende in noi. E quell''Io' è sempre presente, sempre percettibile, ma è mischiato con questi altri cinque elementi. Quando ascoltate un gruppo di persone cantare, un coro, e conoscete una delle persone del coro, sentite la sua voce ma non siete in grado di distinguerla, non riuscite a separarla dalle altre voci. Così, la voce dell''Io' è sempre presente in ognuno di noi, in ogni momento, ma è mescolata con questi altri cinque corpi.

Amma dice che il corpo fisico, composto dal cibo, non è la cosa più importante. La cosa più importante è chi siamo davvero, l'"Io", l'*Atman*. Ma la nostra vita dei sensi ci tiene occupati la maggior parte del tempo, e quindi siamo inconsapevoli di questa verità, della beatitudine immortale del nostro Sé, l'*Atman*. La nostra mente è continuamente diretta verso il mondo esterno. A meno che non ci ritraiamo un po' dalla vita dei sensi, non possiamo assaporare il nostro vero Sé, perché siamo completamente immersi nel mondo esteriore.

Sapete, molte persone raggiungono una fase nella loro evoluzione spirituale in cui non si sentono più soddisfatti da ciò che è all'esterno. Allora incominciano a guardarsi dentro e, a quel punto, magari fanno l'esperienza di qualcosa, incontrando qualcuno come Amma. Di cosa fanno l'esperienza? Che cos'è che li inebria così tanto? Quando le persone si rialzano dopo essere state tra le braccia di Amma, lo sguardo di beatitudine sul loro volto… non hanno mai quell'espressione in altri momenti. Provano qualcosa. Hanno avuto un bagliore di qualcosa. E se in quel momento andate da loro e gli chiedete: "Scusa, mi dici che ora è?", potrebbero non guardarvi nemmeno. Non vogliono essere rivolti all'esterno, non vogliono guardare fuori. Anche se tutta la loro vita è sempre rivolta verso l'e-sterno, in quel momento la mente è nelle profondità interiori, e loro stanno assaporando la pace e la beatitudine della presenza di Amma. Anche durante un bel *bhajan*, se qualcuno vi chiama e vi dice: "Andiamo a fare una passeggiata?", non lo guardate nemmeno. Perché? Perché la mente sta trascendendo il corpo fisico, la forza vitale, il pensiero, l'intelletto. Sta toccando il Sé, si sta avvicinando alla realtà interiore. Quindi, quando incominciate a fare questo tipo di esperienze, considerate la vostra vita sensoriale come una distrazione.

Amma dice anche che, riducendo gli stimoli dei sensi, possiamo fare l'esperienza di ciò che c'è dentro di noi. Gli stimoli dei sensi si riducono automaticamente grazie alla presenza di un *mahatma*, alla sua grazia, ma la cosa funziona anche al contrario, ovvero grazie ad un certo controllo sui sensi possiamo fare l'esperienza di ciò che abbiamo dentro.

Andare all'interno, oltre il corpo fisico

"Senza rinunciare al gusto della lingua non si può godere del gusto del cuore."

Se guardiamo sempre all'esterno, non possiamo fare l'esperienza della beatitudine che è dentro di noi. Amma dice che la beatitudine è nel cuore, intendendo non il cuore fisico, ma il nucleo centrale del nostro essere, il luogo in cui dimora l'*Atman*. C'è un detto: "Dove c'è Rama non c'è *kama*, e dove c'è *kama* non c'è Rama." Cosa significa? Kama significa desiderio, o piaceri materiali. Dove ci sono i piaceri materiali e il desiderio, in quel momento non si può parlare di presenza di Dio. Sono i due lati opposti del pendolo, per così dire. E quando state parlando di Dio o state facendo l'esperienza di Dio, in quel momento non ci possono essere desideri o piaceri dei sensi.

"Non è possibile definire categoricamente cosa si può e cosa non si può mangiare. A seconda delle condizioni climatiche, cambierà anche l'influenza della dieta su di noi. I tipi di cibo che evitiamo qui possono essere utili sull'Himalaya."

Secondo gli esseri realizzati come Amma e gli antichi *rishi*, questo mondo ha un aspetto duale. C'è un mondo fisico, senza dubbio, ma tutti gli oggetti fisici hanno anche una vibrazione sottile. Negli ultimi venti o trent'anni la parola 'vibrazione' è diventata molto di moda. Ma non è niente di nuovo. I saggi antichi, migliaia di anni fa, realizzarono che tutto ha una propria vibrazione, irradia, ma anche riceve, vibrazioni: è come una radio ricetrasmittente. Noi emettiamo e riceviamo vibrazioni. E non soltanto gli esseri umani lo fanno, ma ogni cosa: luoghi, alimenti, persone, pensieri, azioni, parole, tutto ha una vibrazione. L'intero universo è una vasta rete, potremmo dire, una vasta matrice di vibrazioni, tutte basate sul substrato senza vibrazioni detto Dio o *Brahman*.

Queste vibrazioni furono divise in tre categorie, dette *guna*. Molti di voi avranno letto la *Bhagavad Gita*, che spiega benissimo la filosofia delle tre guna.

Vi leggerò alcuni versi della *Gita* in modo che possiate farvi un'idea di cosa sono queste tre *guna*, o qualità, o vibrazioni. Una è *sattvaguna*, la guna di pace, armonia, felicità. Poi c'è *rajoguna*, la guna dell'attività e dell'agita-zione. E la terza è *tamoguna*, la guna di inerzia, stupidità, pigrizia, errore.

Le guna nelle azioni e nelle persone

Incominciamo a parlare di azioni che appartengono a *guna* diverse.

"Un'azione stabilita, libera da attaccamenti, compiuta senza attrazione o avversione da qualcuno che non ne desidera i frutti, è un'azione sattvica."

In altre parole, un'azione in cui non si ha attaccamento per i risultati, e in cui il soggetto è calmo ed equilibrato, è un'azione sattvica, un *karma* sattvico.

"Ma l'azione compiuta con motivazioni egocentriche o per la gratificazione dei propri desideri, che richiede molti sforzi, viene detta rajasica. L'azione che ha origine dall'ignoranza,

dall'errore, senza riguardo per le conseguenze, la perdita, il danno agli altri e a se stessi, è detta tamasica."

Quando la nostra mente è velata dall'ignoranza e non prendiamo in considerazione tutte queste cose, facciamo un errore, e la nostra azione è tamasica.

"Libera dall'attaccamento, non prona all'egotismo, dotata di fermezza e rigore, non influenzata dal successo e dal fallimento, tale persona è detta sattvica."

Adesso stiamo parlando delle persone.

"In preda alle passioni, desiderosa di ottenere il frutto dell'azione, avida, crudele, impura, soggetta a gioia e dolore, tale persona è detta rajasica."

La maggior parte delle persone a questo mondo sono rajasiche. Non molte persone sono sattviche, libere da attaccamenti, senza egotismo, equilibrate nel successo e nel fallimento. Quanti di noi sono così? Quello è il nostro traguardo. Più ci avviciniamo ad una natura sattvica, più ci avviciniamo al nostro vero Sé, l'*Atman*.

"Instabile, volgare, arrogante, traditrice, malvagia, indolente, scoraggiata, procrastinatrice, tale persona è tamasica."

Questi sono i vari tipi di persone e, quando leggiamo queste cose o ne sentiamo parlare, se ci guardiamo dentro possiamo capire a quale categoria apparteniamo. Nessuno di noi è completamente sattvico o rajasico o tamasico; siamo una combinazione di queste qualità. Quindi lo scopo di imparare queste cose è di cercare di sradicare le due qualità inferiori, quella tamasica e rajasica, e diventare puramente sattvici.

Amma dice che una mente sattvica è come un lago tranquillo, ci si può vedere il riflesso del sole o si può vedere la perla, la gemma che giace al fondo del lago. La mente rajasica è come la superficie agitata dal vento e dalle onde, su cui si vedono soltanto immagini spezzate. La mente tamasica è come densa acqua fangosa. Non si riesce a vedere niente.

L'importanza della mente

Quando Amma dice che bisogna mangiare o non mangiare determinati alimenti, non parla di ciò che fa bene o non fa bene alla salute. Ci sono molte persone che possono parlarci di questo, è un grande *business*. Ma non tutti sanno che cosa ci fa bene spiritualmente, che cosa si dovrebbe mangiare per il proprio progresso spirituale, cosa ci rende sattvici, e cosa non dovremmo mangiare, gli alimenti che ci rendono più rajasici e tamasici. E, a dire il vero, di questo non importa a nessuno, se non agli aspiranti spirituali. Ai ricercatori spirituali importa più della mente che del corpo. Sanno che il corpo è perituro e se ne può andare in qualsiasi momento. Potremmo uscire di casa e non fare più ritorno. Non appena nasciamo ci mettono in coda e ci danno il biglietto per ripartire, per lasciare il mondo, ma non sappiamo che numero abbiamo.

Il corpo oggi è qui e domani se ne è andato. Ma la mente, la mente è la cosa importante, più importante del corpo, perché la mente continuerà nella prossima vita. Qualsiasi corpo assumeremo, avremo sempre la stessa mente. E più la mente diventa sattvica, e più ci avviciniamo a percepire l'*Atman*. E poi questa faccenda del nascere, morire, nascere, morire, sarà finita una volta per tutte. Sarà come svegliarsi da un brutto sogno durato molto a lungo. La beatitudine di cui siamo alla continua ricerca qui nel mondo, la troveremo in quello stato, nel nostro Sé. È quindi di estrema importanza purificare la mente e renderla sattvica.

Perciò Amma dice che, mentre viviamo in questo mondo di vibrazioni, dovremmo cercare di mangiare soltanto alimenti sattvici.

Quali sono questi alimenti sattvici? Ce lo spiega la *Gita* nei seguenti versi:

"Anche il cibo preferito da ciascuno è di tre tipi. Gli alimenti che promuovono longevità, forza, salute, gioia e allegria, saporiti e oleosi, nutrienti e gradevoli, sono cari alle persone sattviche. Gli alimenti amari, acidi, salati, eccessivamente caldi, pungenti, asciutti e irritanti, sono cari ai rajasici, e causano dolore, sofferenza e malattia. Il cibo stantio, insapore, putrido, rancido ed impuro è caro al tamasico."

(Risata) Proprio così, ci sono vari tipi di persone ed ognuno ha i suoi gusti preferiti. Questi, in breve, sono i vari tipi di alimenti.

Amma dice che la *guna* di un determinato alimento può variare a seconda del clima. Per esempio, il tè. Il tè in un clima caldo come nell'India del Sud è rajasico, è un forte eccitante. Ma se vivete in Tibet dove fa molto freddo, dovete bere il tè per riuscire a sopravvivere. E in Tibet non hanno verdure, hanno l'orzo, ma praticamente nessun tipo di verdura, quindi mangiano la carne. La carne generalmente è considerata tamasica, ma in Tibet, poiché non c'è altro da mangiare, non è affatto tamasica; è ciò che vi dà la vita.

Tenendo questo a mente, Amma dice che non si può affermare in modo tassativo che una cosa fa bene o male, ma che tutto varia a seconda del clima. Cosa fa bene qui dovrà magari essere evitato là, e viceversa. Ma in generale, si applicano le categorie che abbiamo visto. Se siamo davvero interessati a progredire spiritualmente, dovremmo cercare di imparare cosa è sattvico, cosa rajasico e cosa tamasico, e limitarci al cibo sattvico.

Tutte le cose di cui parla Amma sono per persone dotate di serietà. I libri pubblicati e le parole di Amma sono per i *sadhak* seri, per gli aspiranti seri, non per coloro che giocano con la spiritualità, ritenendola un piacevole divertimento. No. Sono per coloro che pensano: "Potrei morire in qualsiasi momento e non ho ancora realizzato il Sé, non ho raggiunto la felicità. Come fare? Invecchierò, mi ammalerò, morirò; tutte queste cose capiteranno anche a me. Non c'è una via d'uscita?" Conoscete la storia del Signore Buddha? La conoscono tutti. Pensava che andasse tutto bene, che la vita sarebbe stata un festival fino alla fine, che sarebbe rimasto giovane, sano e si sarebbe divertito. E poi cosa successe? Purna, cosa successe?

(Purna) – Vide una persona vecchia e una malata.

– Giusto. Nient'altro?

(Purna) – Vide un *sadhu*.

– Vide un *sadhu*, e vide anche un morto. Allora chiese al suo attendente: "Queste cose succedono solo a loro o capiteranno anche a me?" Allora Channa, il suo attendente, disse: "Tutti si ammalano, invecchiano e muoiono, anche tu, anche tua moglie Yasodhara, anche il re, tutti." Egli disse: "Oh, mi sento male, riportami a palazzo." E incominciò a pensare: "Qual è il modo per sfuggire a tutto questo? Non voglio fare queste esperienze, sono orribili." E poi incominciò a pensare al *sadhu* che era seduto sotto ad un albero. Stava meditando, e cercava di sfuggire all'inevitabile. Allora Buddha decise: "È quella la mia strada", e se ne andò.

Non sto dicendo che dobbiamo abbandonare ogni cosa e andare a sederci sotto ad un albero fino a quando non raggiungeremo l'illuminazione. Non è questo il punto. Serietà significa capire com'è la vita, non perdersi in *maya*, ma comprendere la necessità della vita spirituale. Se non ci riuscite, per lo meno pensate a ciò che derivate dalla presenza di Amma, dai *satsang*, la beatitudine, la gioia, la pace, il sentimento unico che avete provato in presenza di Amma quando lei era qui, quando la vita spirituale era una realtà invece di un passatempo.

Queste parole sono per coloro che hanno questo tipo di serietà.

Il controllo della fame

"Quando ci si siede per mangiare, bisogna incominciare soltanto dopo aver pregato Dio. Questa è la ragione per cui si recitano dei mantra prima di mangiare. Il momento adatto per mettere alla prova la nostra pazienza è quando abbiamo il cibo davanti a noi."

Amma sta dicendo che recitare il *mantra* e pensare a Dio prima di mangiare è una pratica spirituale. In altre parole, si tratta di restare seduti immobili e pensare a Dio anche se avete l'acquolina in bocca. È una grande *tapas*, un'austerità; è molto difficile, quando avete lì davanti qualcosa che vi volete gustare, dire: "No, aspetta un attimo, adesso penso a Dio o medito." È quello il momento di farlo. Il proprio carattere viene messo alla prova di fronte alla fame. Si può capire com'è fatta una persona da come si comporta quando ha fame. Si dice che persino alcuni santi, addirittura i santi, possano buttare all'aria tutto per soddisfare lo stomaco. L'impulso della fame è potentissimo.

Molti di voi avranno letto la storia di Kuchela, il devoto di Krishna. Quando lui e Krishna erano giovani, vennero mandati nella foresta a raccogliere legna per il loro guru; la moglie del guru aveva dato loro un pacchetto con qualcosa da mangiare, in modo che potessero fare un piccolo snack mentre erano fuori. Ma sfortunatamente incominciò a piovere a dirotto. Rimasero bloccati e non riuscirono a fare ritorno. Si ripararono salendo su degli alberi. Krishna era su un albero e Kuchela su un altro.

Kuchela incominciò ad avere molta fame. Sapeva che Krishna era Bhagavan Vishnu, il Signore Vishnu. Nonostante ciò incominciò a mangiare, senza nemmeno chiedere a Krishna: "Ehi, hai fame, vuoi qualcosa?" Incominciò a mangiare e il cibo diminuiva sempre di più; quando arrivò sotto la linea del cinquanta per cento continuò e se lo mangiò tutto, senza dare niente a Krishna, senza dirgli nemmeno una parola. E in seguito, come sapete, visse per molti anni nella povertà. Infine, naturalmente ricevette la grazia di Krishna e divenne molto ricco, ma soltanto quando era ormai vecchio. Quindi, anche se aveva la consapevolezza che Krishna era Dio, la sua pancia ebbe la meglio.

Una cosa simile è successa anche a me. Mi sento un po' a disagio a raccontarvelo, ma penso che abbia un valore; questa è la ragione per cui ve ne parlo. Stavo servendo qualcuno, una persona anziana. Lui soffriva di acidità di stomaco, quindi gli piaceva lo yogurt dolce, prima che diventasse acido. Io non ero malato, ma anche a me piaceva lo yogurt prima che diventasse acido. Dunque, questo signore era andato al tempio e sarebbe ritornato per pranzo, e io gli preparai da mangiare. Quando aprii la credenza, vidi che c'erano due piccoli contenitori di yogurt. Uno era molto acido, l'altro dolce. Beh, lui non sapeva che ce ne fossero due. Quindi, prima che ritornasse, io mi trangugiai quello dolce. Nonostante tutto il mio rispetto e tutte le mie buone intenzioni – io servivo questa persona – il palato, sapete, ebbe la meglio su di me. In quel periodo della mia vita, ogni qualvolta commettevo un grosso errore, ricevevo un colpo sulla testa un minuto dopo. Lui arrivò, si sedette, pranzò e alla fine, mentre stava mangiando lo yogurt, disse: "Uh, è così acido. Non c'era dello yogurt dolce? Non riesco a credere che non ci fosse dello yogurt dolce." A quel punto dovetti ammettere quello che avevo fatto. Lui disse: "Bravo, sei un grande *sadhak*, un grande devoto." Naturalmente lui non era Bhagavan Sri Krishna, quindi non dovetti soffrire troppo a causa di ciò, ma imparai una lezione per tutta la vita, a non fare cose simili e a essere consapevole di come il palato ci rende suoi schiavi e ci fa gettare al vento il nostro discernimento.

Per contrasto, c'è la storia della mangusta dorata del *Mahabharata*. Molti di voi conosceranno la storia, in cui il grande re Yudhisthira, uno dei Pandava, compì un grande sacrificio vedico, e distribuì miliardi di rupie. Fece moltissimi regali a migliaia di persone, e se ne parlava in tutta Delhi. A quei tempi era la Vecchia Delhi, detta Hastinapura. Alla fine del rito sacrificale, arrivò una mangusta e si rotolò nella terra dove era stata compiuta l'intera cerimonia. Tutti la videro e pensarono: "Che strana creatura." Quando si rialzò notarono che un lato del suo corpo, la metà, era di un bel colore dorato, mentre l'altra metà era di un normale colore marrone. Uno di loro aveva delle *siddhi* e riusciva a parlare con gli animali, così chiesero alla mangusta: "Sei la mangusta dall'aspetto più strano che abbiamo mai visto. Come fai ad essere per metà dorata e per metà del tuo colore normale?"

La mangusta allora raccontò loro una storia, che vi ripeterò in forma abbreviata. Alcuni anni prima c'era stata una terribile carestia, e la mangusta vagava per il paese cercando qualcosa da mangiare. C'era a quel tempo una famiglia povera che stava per morire di fame. Essi riuscirono a procurarsi un po' di grano, lo ridussero in polvere, ne fecero farina e prepararono qualche *chapatti*. Stavano per incominciare a mangiare – potete immaginare quanta fame avevano. Pensate: non mangiate da due o tre settimane, tremate, state per svenire, siete affamatissimi e con un fuoco spietato nello stomaco. E poi vi danno tre o quattro pezzi di pane…

Proprio in quel momento arrivarono tre ospiti, uno dopo l'altro. Ad ogni ospite diedero un pezzo di pane. Alla fine non rimase niente. Nel momento in cui diedero via l'ultimo pezzo di pane, tutti loro raggiunsero un elevato livello di realizzazione, e furono immediatamente liberati.

La mangusta si avvicinò a mangiare le briciole cadute dalla bocca degli ospiti. Dopo aver mangiato le briciole, si sdraiò per un attimo e quando si rialzò, metà del suo corpo era diventato dorato. La mangusta era così affascinata da quel colore che voleva che anche l'altra metà prendesse quel colore. Incominciò quindi a recarsi in tutti i famosi luoghi di pellegrinaggio e dove la gente compiva grandi *puja*, faceva molta beneficenza e servizio altruistico; si rotolava a terra nel punto in cui si compivano tutte queste cose e poi si osservava per vedere se anche l'altra metà fosse diventata d'oro. Disse perciò al re Yudhisthira: "Questo vostro sacrificio, in cui avete dato in beneficenza miliardi di rupie e fatto regali a così tante persone, non è niente in confronto a quelle persone, che donarono soltanto tre pezzi di pane."

Ciò dimostra la grandezza del saper controllare la fame. Soltanto una persona molto elevata lo sa fare.

"Un asceta non ha bisogno di vagare in cerca di cibo. Il ragno tesse la tela e resta al suo posto. Non va da nessuna parte in cerca di cibo. La preda rimane intrappolata nella sua ragnatela. In modo analogo, sarà Dio a provvedere al cibo per un asceta, ma egli deve essere un uomo di totale abbandono a Dio."

Stiamo parlando di un *sannyasi*, non della maggior parte di noi. Ma un vero *sannyasi*, una persona che ha abbandonato completamente la vita materiale e vive soltanto per la realizzazione di Dio, non dovrebbe nemmeno pensare al cibo e da dove potrà arrivare. Non deve fare alcuno sforzo. Se si sforza continuamente per realizzare Dio, il cibo verrà a lui.

Dio si prende cura dei Suoi devoti

Amma era solita raccontarci la storia dell'uomo che aveva sentito questo insegnamento durante un *satsang* e decise di metterlo alla prova. Ve ne ricordate? Quest'uomo decise che avrebbe scoperto se Dio gli avrebbe davvero dato da mangiare senza il minimo sforzo da parte sua. Pensò: "Non solo Dio deve portarmi da mangiare, ma deve anche mettermelo in bocca; soltanto allora ci crederò." Era seduto nella sua capanna al villaggio, recitava il *mantra* e pensava continuamente a Dio. Poi pensò: "Così non va bene, qualcuno magari passa di qui, mi vede e pensa, 'Oh, poverino, magari non ha mangiato niente, diamogli qualcosa.' No, devo allontanarmi dal villaggio. Andrò nella foresta." Entrò nella foresta, si mise a sedere sotto ad un albero ripetendo il *mantra*.

Poi sentì del gran rumore provenire dall'altra parte della foresta. Il fracasso si avvicinava sempre di più, e lui capì che si trattava di malviventi. Ladri. Avevano appena compiuto una grande rapina e stavano entrando nella foresta. L'uomo pensò: "Potrebbero uccidermi!" Si arrampicò sull'albero e rimase ad osservare quello che succedeva. I rapinatori arrivarono, appoggiarono tutte le borse con la refurtiva e tirarono fuori il pranzo.

Proprio in quel momento uno di loro disse: "Andiamo a fare il bagno nel fiume qua vicino e mangeremo dopo." Quindi se ne andarono e ritornarono dopo aver fatto il bagno. Proprio in quel momento, l'uomo nascosto sull'al-bero non riuscì trattenersi e starnutì. I ladri guardarono in alto e lo videro sull'albero. Lo fecero scendere, e poi pensarono: "Ha visto tutto quello che abbiamo rubato. Sarà sceso mentre siamo andati a fare il bagno, avrà avvelenato il cibo e quando saremo morti tutti si porterà via il bottino." Decisero quindi che avrebbero fatto mangiare a lui il pranzo. Presero il cibo e glielo ficcarono in bocca.

In quel momento l'uomo si rese conto che ciò che aveva sentito durante il *satsang* era vero. Naturalmente la storia ha un lieto fine: la polizia arrivò correndo nella foresta, arrestò i ladri e li portò via. E l'uomo visse felice e contento.

Questo non vale per tutti, anche se di tanto in tanto una rara persona con famiglia, una persona comune, non un *sannyasi*, ha vissuto in questo modo. Molti di voi avranno sentito parlare di Tukaram. Egli visse così. Era un santo del Maharashtra, sposato, con figli e con un lavoro. Ripeteva continuamente il nome di Dio, meditava sempre e dedicava pochissimo tempo ad ogni altra cosa. Non si preoccupava mai di niente. Non si preoccupava mai di cosa sarebbe potuto succedere a sé o alla propria famiglia. E, ovviamente, fu sempre protetto, ma sia lui che la sua famiglia affrontarono molte sofferenze. Nonostante ciò vennero sempre aiutati. E lui divenne famoso. Oggi, in India probabilmente non esiste nessuno che non sappia chi è Tukaram.

Cerchiamo di dare il buon esempio

"Nelle fasi iniziali, un sadhak deve esercitare controllo nei confronti del cibo. Una dieta incontrollata produrrà tendenze negative. Dopo aver gettato i semi, bisogna fare attenzione che i corvi non li becchino. Una volta che i semi sono diventati alberi, tutti gli uccelli vi si possono posare o addirittura costruirvi un nido. Al momento attuale, bisogna controllare la dieta e praticare la sadhana. In seguito, si potranno mangiare anche cibi piccanti, aspri e non-vegetariani senza che abbiano alcun effetto su di voi. Figli, anche se Amma vi ha detto che in seguito si potrà mangiare di tutto, non mangiate comunque quegli alimenti. La vostra vita deve essere un modello per il mondo. Così gli altri impareranno osservandovi. Non usate alimenti aspri e piccanti di fronte ad una persona con l'it-terizia. Anche se non siamo noi ad avere quella malattia, dobbiamo avere controllo su noi stessi per far migliorare gli altri."

C'erano una volta un dottore e un paziente. Il paziente era venuto da molto lontano. Il dottore gli diagnosticò il diabete, ma non gli prescrisse alcun trattamento. Disse all'uomo: "Torni domani." Ma l'uomo disse: "Dottore, ho già fatto tanti chilometri e mi sarebbe proprio difficile tornare domani." Il dottore rispose: "Adesso non posso proprio indicarle un trattamento, la prego di tornare domani." L'uomo se ne andò. L'infermiera era lì vicino e disse: "Dottore, com'è crudele. Perché non gli ha dato la ricetta e non gli ha detto cosa fare e cosa non fare?" Il dottore rispose: "Non vede questa coppa di caramelle sulla mia scrivania? Se gli avessi detto di non mangiare zuccheri e caramelle, lui avrebbe pensato: 'A me dice di non mangiare zucchero e caramelle, ma *lui* li mangia.'"

Quando avremo raggiunto lo stadio in cui il fuoco di *jnana*, il fuoco della saggezza, la luce della conoscenza, risplenderà nel nostro cuore, e avremo purificato la nostra mente in modo tale che vivremo costantemente alla presenza di Dio, qualsiasi cosa mangeremo verrà semplicemente bruciata, e anche la parte sottile verrà distrutta. Ma le persone normali non possono nemmeno concepire una cosa simile, e la loro mente è totalmente influenzata da ciò che mangiano; quindi Amma dice che anche allora dovremo dare il buon esempio. La gente potrà per varie ragioni avere un'alta opinione di noi e quindi dovremo dare il buon esempio anche nell'alimentazione. Vi leggerò ancora qualcosa di ciò che dice la *Gita* a proposito del dare il buon esempio.

"Qualsiasi cosa faccia un grande uomo, gli altri ne imitano l'esempio. Qualsiasi modello egli stabilisca, il mondo lo segue. In tutti e tre i mondi, non c'è niente che Io debba fare, niente che Io debba conseguire, eppure mi impegno sempre nell'azione. Poiché, se non fossi sempre impegnato nell'azione, gli uomini seguirebbero in tutti i modi le Mie orme. Questi mondi andrebbero in rovina se Io non agissi. Diventerei la causa

di confusione e distruzione di tutte queste creature. Proprio come gli ignoranti compiono azioni con attaccamento al loro lavoro, che i saggi agiscano con distacco, per il bene del mondo. Che nessun saggio crei confusione nella mente degli ignoranti. Compiendo egli stesso ogni azione con equanimità, dovrebbe indurre gli altri a fare altrettanto."

Un saggio, una persona che ha realizzato Dio, non ha bisogno di niente, non ha bisogno di fare niente, e può essere come un *avadhuta*, al di là di norme e regole. Tuttavia, per amore del mondo, per dare l'esempio, deve condurre una vita ideale.

Guardate Amma. Non ha bisogno di norme e regole. Prima che tutti noi arrivassimo da Lei, viveva all'aperto, sotto il sole e sotto la pioggia. Non le importava di niente e di nessuno. Ma quando il mondo iniziò a venire da Lei, Amma incominciò a diventare, perlomeno nella sua vita esteriore, quasi come una persona normale. Per quale ragione? Soltanto per dare l'esempio, per guidare le persone che Dio le aveva mandato. Quindi, anche per quanto riguarda l'alimentazione, persino se spiritualmente siamo progrediti così tanto che non importa ciò che mangiamo, per dare l'esempio dovremmo mangiare soltanto cibi sattvici.

Om Namah Shivaya.

Il cibo e la sadhana – 2

Siamo alla citazione 173 di "Per i Miei Figli" e Amma sta parlando del cibo e del gusto, di come sono connessi alla vita spirituale e di come dovremmo regolare ciò che mangiamo per progredire spiritualmente. Sebbene Amma stia parlando specificamente del cibo che entra dalla bocca, dal punto di vista spirituale si considera 'cibo' tutto ciò che entra in noi attraverso gli organi sensoriali. Ciò che sentiamo, vediamo, odoriamo, assaggiamo, tocchiamo, tutte queste cose, come dicevamo la settimana scorsa, sono composte dalle tre guna, o tre qualità della natura. C'è sattvaguna, la qualità di pace e armonia, che aiuta a calmare la mente. C'è rajoguna, la qualità dell'agitazione e dell'attività, che rende irrequieta la nostra mente. E poi c'è tamoguna, la guna dell'oscurità, inerzia, dimenticanza, errore, che fa diventare ottusa la nostra mente e rende difficile o impossibile la concentrazione.

In questo capitolo Amma parla specificamente del cibo fisico, quello che entra dalla bocca. La settimana scorsa abbiamo menzionato come la parte fisica del cibo, quella grossolana, che riusciamo a vedere, è ciò che va a costituire il nostro corpo grossolano, il nostro corpo fisico. Ma noi non siamo soltanto questo. Questa è soltanto la guaina più esterna del nostro essere. Più sottili di essa, più all'interno, ci sono la mente e l'intelletto. Prima c'è la forza vitale, poi la mente, l'intelletto ed il corpo della beatitudine, da cui sgorga la felicità quando siamo felici. E il soggetto di tutte queste guaine, il nucleo, è l''Io', l'*Atman*, il nostro vero essere, il Sé.

Al momento attuale, la maggior parte di noi è completamente esteriorizzata. Ci identifichiamo soltanto con la guaina più esterna della nostra esistenza, anche se siamo consci di tutte le altre guaine e del nostro 'Io'. Non esiste nessuno che sia inconscio del Sé, ma il fatto è che lo mischiamo con tutte queste altre cose. Siamo incapaci di separare l''Io' dalle sue appendici, per così dire. E la vita spirituale ha proprio questo scopo, di separare la forma esterna da ciò che c'è di essenziale all'interno, il nucleo, l'*Atman*, il Sé, l'anima. Per arrivare a capire che non siamo un corpo che ha un'anima, ma un'anima che ha un corpo.

Ecco un versetto di Amma:

"Qualcuno dice che smettere di bere tè o di fumare è facile, eppure non è in grado di farlo. Come si fa a controllare la mente se non si riescono nemmeno a controllare queste piccole cose? Innanzitutto bisogna eliminare cose di poco conto. Se non si riesce ad attraversare dei piccoli fiumi, come si fa ad attraversare l'oceano?"

Amma dice chiaramente che, se prendiamo la vita spirituale con serietà, non fa bene fumare e bere il tè – e nel tè possiamo includere tutti gli eccitanti, tutto ciò che non nutre il corpo ma stimola il sistema nervoso. Perché? Perché la nostra mente è già abbastanza inquieta e vaga già a sufficienza, mentre la vita spirituale cerca di concentrare la mente, di arrivare alla pace mentale.

La pace mentale non deriva da comodità, ricchezza o situazioni piacevoli. Questa è soltanto una pace temporanea che dipende dalle circostanze. Pace mentale significa assenza di pensieri, e può essere raggiunta soltanto raffinando la mente attraverso la pratica spirituale. Supponete di voler sviluppare un muscolo; il muscolo non si svilupperà da solo, dovrete esercitarvi. Dovrete sollevare dei pesi, aumentando progressivamente il carico. In modo analogo, la pace della mente non è un dono di natura, ma è il frutto di un duro lavoro. La meditazione, i *bhajan*, i *satsang* servono a questo. C'è bisogno di uno sforzo consapevole. Se abbiamo deciso che la pace mentale merita questo sforzo, che questa pace è il vero scopo della vita, allora dobbiamo chiederci quali sono i metodi per raggiungerla e che cosa può aiutarci lungo la via.

Amma dà questi suggerimenti, queste norme, a chi prende la vita spirituale con serietà; non a chi la considera soltanto un passatempo o una cosa part-time, ma a chi ha deciso che questo è il suo traguardo nella vita e vuole cercare di impedire alla mente di vagare e vuole renderla completamente calma ed immobile.

Il tè, il caffè e tutto ciò che stimola i nervi non fanno bene, perché contribuiscono all'irrequietezza della mente. Possiamo pensare: "Ma cosa importa? Non bevo caffè o tè quando mi siedo a meditare." Ma il sedersi a meditare non è che l'inizio della vita spirituale. È roba da principianti. Dobbiamo farlo un paio di volte al giorno per prendere l'abitudine. Ma per cercare di controllare la mente vagabonda ci deve essere uno sforzo continuo. È questa la vera vita spirituale. È questa la meditazione. Bere tè o caffè stimolerà la nostra mente anche in altri momenti, rendendone difficile il controllo. Fumare ostruisce il sistema nervoso. Ovviamente tutti sanno, persino il Ministro della Sanità lo sa, che fa male alla salute. Ma in questo particolare contesto Amma non si riferisce alla salute, anche se a volte parla di ciò che fa bene o male alla salute. Si preoccupa principalmente della nostra mente e del nostro spirito. Il corpo è venuto ieri e se andrà domani, ma la mente continuerà ad esistere ancora per molto tempo, finché non realizzeremo la nostra vera natura, l'*Atman*. Quindi il corpo è soltanto una cosa temporanea. Più importante del corpo è la salute della nostra mente.

Amma dice che fumare ostruisce il sistema nervoso e rende la nostra mente tamasica e spenta. Rende difficile la concentrazione, la comprensione, lo sforzo. Anche certi alimenti sono così, i cibi pesanti, untuosi, stantii. Abbiamo letto l'altro giorno nella *Bhagavad Gita* la classificazione degli alimenti nelle varie categorie, sattvici, rajasici e tamasici. Fumare è un'abitudine tamasica.

Certe persone che conducono una vita spirituale dicono: "Posso smettere di bere il tè o il caffè", ma non sono in grado di farlo. Pensano: "Che importanza ha, dopotutto?" Se non ha importanza, allora perché farlo? Amma dice: "Se è difficile fare una cosa così, cosa dire allora del vero lavoro?" Intende dire che rinunciare ad un'abitudine esteriore non è il vero lavoro, è soltanto la fase preparatoria. La cosa difficile è invece eliminare le abitudini interiori. Sapete, esiste un principio in natura secondo cui il sottile è più potente del grossolano, perché il grossolano ha la sua sorgente nel sottile. Le cose sottili sono molto più forti. Allo stesso modo, la nostra mente è molto più potente delle nostre abitudini esteriori, che nascono appunto dalla mente. Il corpo è soltanto una cosa inerte. È uno strumento della mente, senza volontà propria. Questi nemici interiori, questi vasti oceani, sono molto più difficili da attraversare di qualche fiumiciattolo come il bere ed il fumare. E quali sono questi oceani interiori? Per un *sadhak*, un aspirante spirituale, ci sono sei nemici interiori principali. A dire il vero, sono i nemici di tutti. Anche se stiamo parlando di vita spirituale, ciò non significa andarsene via, rinunciare a tutto e diventare monaci. Vita spirituale è vita umana. Ne hanno bisogno tutti per poter avere successo, per essere felici. La spiritualità è una necessità. In verità non è nemmeno una scelta. Alla fine, ci arrivano tutti.

Quali sono questi sei nemici? *Kama*, il desiderio; *krodha*, la collera; *lobha*, l'avidità; *moha*, l'attaccamento; *mada*, l'orgoglio; *matsarya*, la gelosia. Sono questi i sei nemici che continuano a manifestarsi e a creare costanti problemi a noi e agli altri. Sono le cose che ci distrarranno sempre, quindi dobbiamo ricordarcene. Abbiamo molte, molte qualità. La mente ha infinite ramificazioni.

I saggi, persone come Bhagavan Sri Krishna, l'hanno analizzata fino all'essenza e hanno affermato che questi sei nemici sono dei grandi combinaguai. Sono i malviventi, la mafia della mente, per così dire. Se li catturate, se li mettete in galera, andrà tutto bene.

Vale la pena ripetere cosa sono, senza i nomi in sanscrito, questa volta. Desiderio, collera, avidità, attaccamento, orgoglio, gelosia. Sono questi i combinaguai. E ognuno di loro è come un oceano. Quando pensate di esservi liberati di uno, ecco che ritorna in superficie. Pensate: "Oh, non mi arrabbio mai", e poi qualcuno fa qualcosa e vi arrabbiate. Pensate di essere al di là di tutti i desideri e le tentazioni, e immediatamente ne diventate vittima. Potete pensare di avere molto distacco, ma quando qualcuno vi abbandona o vi tratta male, vi sentite tanto infelici. La vostra vita dipendeva da quella persona o da quel rapporto. Potete pensare di non avere avidità, ma guardate una cosa desiderando che sia vostra. Dite: "Oh, che bella cosa", invece di essere pienamente soddisfatti di quello che avete.

Le tapas di Vishwamitra Maharishi

C'è la storia di un saggio che impersona le prime tre qualità: desiderio, collera e avidità. È una bella storia, ma ve la racconterò in maniera sintetica. È la storia di Vishwamitra Maharishi.

Vishwamitra era un re. Un giorno si recò all'ashram di Vasishta Maharishi, un *mahatma*, un'anima realizzata, un *brahmarishi*, un saggio brahmino che aveva raggiunto la realizzazione di Dio. Vishwamitra era uno *kshatriya*, un membro della casta dei guerrieri.

Vasishta servì al re, ai suoi soldati e ai suoi cortigiani un pasto sontuoso. Vishwamitra pensò: "Da dove ha tirato fuori questo cibo delizioso e tutti questi ingredienti in un piccolo ashram sperduto nella foresta?" Chiese a Vasishta: "Da dove viene tutto questo cibo? Non vedo nemmeno un cuoco. Dopotutto, siamo arrivati soltanto mezz'ora fa e ci hai servito un pranzo di dieci portate. Tua moglie, una signora di novant'anni, non può aver preparato tutto questo."

Vasishta rispose: "Ho una mucca, una mucca magica, che ti dà tutto quello che le chiedi. Non soltanto il latte, ma tutti i prodotti, belli e pronti. È come una macchina da fast food. Ti dà da mangiare, ti dà tutto quello che vuoi."

Vishwamitra volle vedere la mucca. Dopo averla vista disse: "Ascolta, un *sadhu* come te, un povero saggio nella foresta, non ha bisogno di una mucca così. Sarebbe perfetta per me. Io sono un re. A palazzo devo dar da mangiare a migliaia di persone ogni giorno, e ho bisogno di tantissime provviste, di un sacco di cose. Questa mucca è troppo per te. Ti può dare tutto, ma tu non hai bisogno di niente. Perciò, voglio la mucca."

"No, mi dispiace, non posso darti la mucca perché ne ho bisogno per la mia *puja*", disse Vasishta. "Mi dà il latte ogni giorno e uso il latte, lo yogurt e il *ghi* (burro liquefatto), per il mio quotidiano rito devozionale."

Allora Vishwamitra si arrabbiò e disse: "No, mi prendo la mucca", cercando di portarsela via.

Ci fu una grande battaglia. Tra chi? Tra Vishwamitra e l'esercito da una parte e Vasishta dall'altra. Il povero, vecchio Vasishta aveva forse centoventicinque anni a quell'epoca. Ma aveva dalla sua parte la mucca. Così, la mucca invece del cibo manifestò dei soldati, e la battaglia prese il via. Vishwamitra fu sconfitto e ritornò al suo paese. Decise: "Quello è vero potere. Quel povero brahmino ha davvero del potere, potere spirituale. A cosa mi serve essere re? Voglio diventare un *brahmarishi* come lui. Mediterò. Farò *tapas*, austerità."

Si ritirò nella foresta a compiere austerità. Cosa successe? Nel frattempo, Indra vide Vishwamitra compiere *tapas* e pensò: "Perché fa *tapas*? Vuole la mia posizione, vuole diventare re del paradiso." Mandò quindi sulla terra la bellissima Menaka, una damigella celeste, una ninfa. Lei distrasse Vishwamitra e lui finì, diciamo, per sposarla. Lei divenne la sua fidanzata, per così dire. Per quanto tempo? Per dodici anni! In quei dodici anni lui non si accorse del passare del tempo. Ebbe anche un figlio, Sakuntala. Dopo dodici anni si rese conto di ciò che era successo, del fatto che si era dimenticato della sua meditazione e delle sue *tapas*. Gli ci vollero dodici anni per rendersi conto che aveva smesso di meditare. E in quel momento capì cosa era successo; era stato Indra a giocargli un tiro mancino. Quindi si arrabbiò moltissimo e maledì Menaka.

Tornò poi a sedersi e riprese le sue tapas. Ma poiché aveva sprecato tutta la sua energia con Menaka e, oltre a ciò, si era anche arrabbiato, tutti i benefici che aveva ricavato dai precedenti anni di meditazione erano andati in fumo. Si sentiva davvero miserabile. "Guarda cosa mi è successo. Sono caduto vittima del desiderio e della collera, ed è stata l'avidità a causare tutto questo, perché volevo quella mucca. Non lascerò mia più che succeda una cosa simile."

Andò da un'altra parte e si sedette di nuovo a meditare. Indra inviò un'altra "signorina". Vishwamitra fu distratto anche da lei, ma decise che per lo meno non si sarebbe arrabbiato. E non la maledì. Capitavano cose di questo tipo una dopo l'altra, ma lui non riusciva a vincere la collera. Era il suo grande problema, nonostante tutta la meditazione e le *tapas*. Rimase in piedi su un solo dito del piede per cinquant'anni. Respirava una volta all'anno per mangiare. Non dormiva mai, né di giorno né di notte. Restava all'aperto, in piedi, sotto la pioggia e sotto il sole. Persino allora, sorgeva un piccolo problema e lui si arrabbiava. A dire il vero, i suoi problemi non erano poi così piccoli, ma lui, per quanto ci provasse, non riusciva comunque a controllare la collera. La cosa peggiore era che, nonostante tutto, Vasishta non lo considerava un *brahmarishi*.

Infine non riuscì più a sopportarlo e decise che avrebbe ucciso Vasishta. Diventò talmente geloso e incollerito che disse: "Se questo è l'unico modo in cui posso sconfiggerlo e prendermi la sua posizione, vale la pena ucciderlo." La sua mente divenne veramente perversa. Si recò all'ashram in una notte di luna piena. Si intrufolò dietro la capanna con l'intenzione di sistemare Vasishta una volta per tutte.

Proprio in quel momento Vasishta stava tenendo un *satsang*. Diceva ai *brahmachari* e alle *brahmacharini* del-l'ashram: "Vedete la bella luna in cielo, come dona luce al mondo intero, rende tutti pieni di pace e felicità e rinfresca la calura del giorno. Allo stesso modo, quel grande *mahatma* che compie *tapas* nella foresta, Vishwamitra, dona pace al mondo."

Quando Vishwamitra sentì queste parole, tutta la sua collera si dileguò. Divenne come un bambino innocente. Si pentì di tutte le brutte cose che aveva fatto e cadde ai piedi di Vasishta. Si aggrappò ai piedi di Vasishta. Vasishta disse: "Alzati, *brahmarishi*, alzati. Perché sei lì sdraiato? Sei un *brahmarishi*, non per merito delle tue *tapas*, ma perché il tuo cuore è diventato puro ed innocente."

Questo è, alla fine dei conti, l'unico modo in cui la nostra mente può diventare completamente pura. Per eliminare queste *vasana* così profondamente radicate dobbiamo compiere pratiche spirituali. Ma alla fine dipende tutto dalla grazia di un *mahatma*, proprio come la grazia che Vishwamitra ricevette da Vasishta. Ci sembrano cose impossibili da fare, ma io ho visto con i miei occhi qualcosa che dimostra che possiamo vincere queste abitudini.

C'era un ragazzo che abitava a Bombay e faceva lo scienziato. Beveva circa trenta tazze di caffè al giorno. Masticava foglie di betel, un tipo di eccitante; forse circa venti rotoli di foglie e noci di betel al giorno. Tutto il suo stipendio – e per quei tempi percepiva proprio un bello stipendio – se ne andava in caffè e foglie di betel, eccetto i soldi per l'affitto e per quel poco che mangiava. Veramente non aveva mai molta fame, a causa di tutte queste cose che beveva e masticava. Dire che era 'schizzato' sarebbe un eufemismo. Era come se in lui circolasse continuamente una forte corrente elettrica, con tutti quegli stimolanti.

Ma allo stesso tempo era anche molto attaccato ad Amma. Andò da Amma e le disse: "Voglio cambiare vita. Voglio vivere ai tuoi piedi, Amma." Lei disse: "Va bene, ma ti lascerò vivere qui soltanto se rinunci a queste due abitudini." Era una cosa molto difficile, e ci riuscì per qualche giorno. Poi andò da Amma e disse: "Amma, non riesco a controllarmi." Lei rispose: "Non c'è da meravigliarsi. Mangia qualche caramella quando ti viene la voglia di bere caffè e masticare betel." Quindi lui mangiò un sacco di caramelle, fino alla nausea. Era saturo di zuccheri, ma la cosa non bastò.

Un giorno lasciò l'ashram, andò in un chiosco del tè, prese del caffè e un pacchetto di noci e foglie di betel. Nessuno lo disse ad Amma, perché non lo sapeva nessuno. Deve essere stato di sera mentre tutti meditavano. Forse lui meditava sul caffè, così uscì a ricevere il *darshan* del chiosco del tè. E quando ritornò, Amma lo chiamò e gli disse: "Non puoi ingannarmi, so che cosa hai fatto. Ti ho detto che se non riesci a rinunciare a queste abitudini non puoi rimanere qui." Lui ci rimase così male, fin nel profondo dell'anima, che da quel giorno in poi non toccò più né caffè né foglie di betel. In un solo istante mandò al diavolo delle abitudini profondamente radicate. Si rese conto che quelle cose non gli facevano bene e che non avrebbe potuto ricevere la grazia di Amma se avesse continuato in quel modo. Quando tutto ciò riuscì a penetrare fino al cuore, e non solo nella testa, fu in grado di sradicare il vizio una volta per tutte.

Dunque è possibile. Ma Amma dice che se non riusciamo nemmeno a conquistare queste piccole abitudini, come faremo a conquistare i grandi oceani della collera e delle altre qualità negative della mente?

Il potere del pensiero

Ecco qualcosa che nel mondo occidentale potrà suonare un po' strano. Sentiamolo dire da Amma.

"All'inizio, un sadhak, un aspirante spirituale, non dovrebbe mangiare niente che viene dai ristoranti. Quando prende ogni singolo ingrediente, l'unico pensiero del negoziante sarà di come ricavare un maggior guadagno. Preparando il tè, penserà: 'È necessario tutto questo latte? Perché non riduco un po' lo zucchero?' Così, penserà soltanto a diminuire la quantità per aumentare il profitto. Le vibrazioni di questi pensieri avranno un effetto sul sadhak."

Nel mondo occidentale, e sempre di più anche nel resto del mondo, la vita sociale è molto importante. Non si pensa mai che i ristornati siano un posto in cui non andare. In verità, tutti vanno a mangiare fuori. Ho letto da qualche parte che in un anno McDonald's fa abbastanza hamburger da fare due volte e mezza il giro della terra se gli hamburger vengono messi uno vicino all'altro. Quanto è grande la terra? Signor Iyer, lei che è un esperto, qual è la circonferenza della terra?

(Sig. Iyer) "Circa 38.500 km."

– 38.500 km. Quindi 77.000 più 19.250 fa circa 96.250 km di hamburger all'anno. E questa è soltanto una compagnia. Ciò vi dà una certa idea di quanto spesso la gente vada a mangiare al ristorante. È incredibile.

Sapete, una volta non esistevano ristoranti. Al massimo, c'erano forse delle locande per i viaggiatori. In India avevano *dharamsala, annasatra*, dove le persone che si recavano in pellegrinaggio potevano riposarsi e mangiare qualcosa. Erano mantenute gratuitamente da persone ricche – dalla comunità più ricca, probabilmente quella dei mercanti – per dar da mangiare ai pellegrini. Perché altrimenti come avrebbero fatto a procurarsi da mangiare? Viaggiavano a piedi e non potevano portare niente con sé.

È sempre vero che, spiritualmente, il cibo di casa propria fa bene, sia al corpo che alla mente. Il cibo del ristorante non fa bene alla mente. Viene cucinato soltanto con l'idea di ricavarne un profitto. È un lavoro. Non vi danno da mangiare per amore. È come la storia che racconta Amma di un papà che va in un albergo con la sua figlioletta. Il mattino dopo, quando stanno per partire, la bambina dice: "Oh, papà, il personale è stato così gentile! Tutti correvano e ci hanno serviti, anche al ristorante tante persone ci hanno chiesto se avevamo bisogno di qualcosa. Sono stati così affettuosi, così gentili. Non ho mai incontrato persone così dolci e meravigliose." Allora il padre disse: "Che cosa stai dicendo? Dopo che avrò pagato il conto, non vedrai più nessuno di loro. L'unico motivo per cui sono così dolci e gentili è che vogliono il denaro. È soltanto una facciata, uno spettacolo. Se non paghi il conto, vedi come sono dolci!"

Un ristorante, per quanto sia bella l'atmosfera e per quanto delizioso possa sembrare il cibo, non è mai buono dal punto di vista spirituale. La parte più sottile del cibo, la vibrazione che entra nel vostro essere, crea la tendenza a desiderare un guadagno invece che a voler donare, diventare altruisti, condividere; questa avidità si insinua nella nostra mente.

Quella era la prima parte della citazione. Poi Amma racconta una storiella.

"C'era una volta un sannyasi che non aveva l'abitudine di leggere i giornali. Un giorno, sorse in lui un intenso desiderio di leggere il giornale. In seguito incominciò a sognare i quotidiani e le notizie. Dopo essersi informato, scoprì che il domestico leggeva il giornale mentre gli preparava da mangiare. La sua attenzione non era su ciò che cucinava, ma sulla lettura del giornale. Le onde dei pensieri del cuoco ebbero un effetto sul sannyasi."

Quando cucinate qualcosa, i vostri pensieri, le vostre vibrazioni, entrano nel cibo. Questo non vale per qualcosa di crudo, come una banana, o per qualcosa che non viene cucinato. Persone come Amma, *mahatma* come Amma, dicono che il cibo cucinato diventa sensibile alle vibrazioni. Le vibrazioni di chi lo manipola finiscono nel cibo. Se in una casa c'è affetto, questo penetra nel cibo e nutre la mente delle persone. Ma in un hotel o in ristorante, non c'è niente di simile, e nel cibo entreranno anche le vibrazioni negative.

Amma dice che, all'inizio, un *sadhak* non dovrebbe mangiare niente che provenga da ristoranti. Non dovrete seguire questa regola per tutta la vita. Ma noi, in grande maggioranza, non siamo che principianti nella vita spirituale. Anche se meditiamo da vent'anni e abbiamo visto ogni singolo *mahatma* che è venuto in America, siamo stati in India quattrocento volte, e siamo stati a testa in giù per un gran numero di ore, non abbiamo ancora il controllo della mente. Essa continua a vagabondare come il vento. Per cui, fino a quando la mente non avrà una pace vera e permanente, che non può essere disturbata da niente, fino a quando non sperimenteremo la beatitudine interiore indipendente da qualsiasi causa esterna, fino a quando non raggiungeremo questo livello di evoluzione spirituale, tutto avrà un effetto su di noi. Quindi un *sadhak* serio deve fare attenzione a tutte queste regole. Per quanto sembrino innaturali o difficili, sono per il nostro bene, se abbiamo sufficiente serietà. Se non abbiamo serietà, possiamo fare quello che ci pare, non c'è problema.

Mangiare con moderazione

"Non mangiate fino a soffocare. Metà stomaco dovrebbe essere per il cibo, un quarto per l'acqua e il resto per il movimento dell'aria."

Questo è, ovviamente, l'ideale. Non ho mai incontrato una persona che riuscisse a seguire questa regola. È molto difficile riempire lo stomaco a metà. Dobbiamo comunque spiegare qual è il traguardo più elevato. Dunque, metà per il cibo, un quarto per l'acqua e il resto per l'aria. Questo è un principio ayurvedico.

"Meno si mangia e più controllo mentale ci sarà. Non dormite o meditate subito dopo aver mangiato, altrimenti non ci sarà una corretta digestione."

Ecco che Amma vi dà un consiglio per la salute. Innanzitutto, non mangiate fino a scoppiare. Una volta vidi una mucca all'ashram a Vallickavu. Nessuno sapeva quanto avesse mangiato. E, come sapete, le mucche sono famose per mangiare fino a morire. A questa mucca venne dato troppo cibo. Diverse persone videro il secchio vuoto, pensarono: "Povera mucca, non le hanno dato niente da mangiare", e le diedero da mangiare. Infine la mucca schiantò. Era così piena che quasi esplose, e morì d'indigestione. Alcune mucche, lasciate libere al pascolo, non sanno cosa fare e continuano a mangiare fino a morire. Alcune persone sono così. Il cibo è talmente gustoso che continuano a mangiare anche se non hanno più fame. Poi, se portate loro qualcosa che gli piace, all'improvviso trovano ancora spazio. L'ho visto spesso. Conoscete il *payasam*, è il cibo preferito di molte persone. Avete mangiato questo bel pranzo indiano di sette portate, e siete sul punto di scoppiare, e poi arriva qualcuno con dell'altro riso e verdure, o *sambar*, o *rasam*, e vi chiede: "Volete ancora un po' di riso?" "No, no, sono pieno." Poi viene qualcuno e vi dice: "Non avete mangiato il *payasam*." "Va bene, prendo un po' di *payasam*." A quel punto vi uscirà quasi dalle orecchie. Tutti riescono a trovare ancora un po' di spazio per qualcosa che gli piace.

Non dovreste mangiare fino a che non riuscite più nemmeno a respirare. A quel punto diventate ottusi. Sapete cosa succede quando mangiate troppo? Vi appisolate immediatamente. Va bene se volete andare a dormire, ma non se volete meditare. Amma dice che non bisognerebbe dormire o meditare dopo aver mangiato un pasto completo. Perché? Perché, se dormite, il vostro processo digestivo rallenta, tutto si blocca e la digestione non avviene regolarmente, voi non ne derivate il giusto nutrimento e potreste anche avere un'indigestione. Il giorno dopo avrete acidità di stomaco. E se meditate, cosa succede? La stessa cosa. Quando meditate, rallenta anche la vostra forza vitale, che è ciò che digerisce il cibo. Viene incanalata nel punto su cui state meditando. Nessuno medita concentrandosi sullo stomaco, o per lo meno non ho mai saputo di nessuno che medita così. Esisteva una volta un tipo di meditazione in cui le persone si concentravano sull'ombelico e meditavano, ma non penso che venga più praticata oggigiorno. Generalmente le persone meditano concentrandosi o sul cuore o sulla fronte, o visualizzano qualcosa di fronte a loro. Quindi la loro *prana shakti*, la forza vitale, viene incanalata in un punto. Pervade tutto il corpo, ma la si può controllare, si può dirigerne una parte in un determinato punto. La si può anche inviare all'ester-no. Quando parlate con qualcuno, se osservate attentamente una persona, lei percepisce qualcosa. È la vostra forza vitale che fuoriesce un po'; è sottile, non potete vederla. Alcune persone sono in grado di vederla, ma la maggior parte di noi non ci riesce. Questa forza vitale è necessaria per digerire il cibo, e non è bene privare lo stomaco del suo processo naturale. Perciò non meditate a stomaco pieno, aspettate un paio d'ore.

Questa è l'ultima citazione del capitolo:

> *"Una volta che si sviluppa amore per Dio, è come una persona che soffre per la febbre. Chi ha la febbre non troverà alcun gusto nel cibo. Anche se è dolce, avrà un gusto amaro. Una volta che si ha amore per Dio, l'appetito diminuisce spontaneamente."*

Queste sono le ultime parole del capitolo. Per un certo tempo può essere una lotta controllare questi impulsi naturali, per riuscire ad avere un bagliore di qualcosa di più elevato della felicità dei sensi, dell'esperienza sensoriale. Sarà senz'altro una battaglia, perché abbiamo vissuto in questo modo per molte vite. Ma una volta che avremo una vera esperienza spirituale, una volta che avremo assaporato la beatitudine di Dio, la presenza dell'*Atman*, allora sarà una cosa spontanea. Non si sentirà il desiderio di ricercare niente all'esterno; quelle cose non vi faranno più felici, diventeranno soltanto una distrazione, una perdita di tempo. Quando incominciate ad apprezzare le pratiche spirituali, vi piace meditare, vi piacciono i *bhajan*, i *satsang*, i libri spirituali, allora la vita materiale diventa una seccatura, per così dire. Siete immersi in un bello stato spirituale e poi dovete pensare a cucinare, a mangiare, ad andare al gabinetto, a questo e a quest'altro. Diventa una bella impresa. Molte persone per fortuna hanno un sacco di tempo. Alcune sono in pensione e passano la loro vita nelle pratiche spirituali, sentendosi perfettamente felici.

Dopo il controllo della mente, viene la beatitudine

Contrariamente a quanto generalmente si pensa, la vita spirituale è una vita di beatitudine. Non è una vita di sofferenze e tristezza.

Può essere una vita di sofferenze e tristezza per un certo periodo. Avrete sentito l'espressione "l'oscura notte dell'anima". È soltanto una determinata fase della vita spirituale, la prima fase. Quando avete compreso alcune cose, e credete che valga la pena fare una vita spirituale, incominciate a compiere pratiche spirituali. Ma a causa di tutte le abitudini che avevate fino a quel momento, derivate dalla società, dalla famiglia e dal mondo, andrete incontro a molta resistenza. Meditare e concentrarsi non è così facile, così come non è facile eliminare le brutte abitudini e crearne di positive. Tutte queste cose hanno radici molto profonde. Allora incominciate a soffrire: "Oh, questa vita spirituale è una tortura, una battaglia." La gente vi vede andare in giro con un'aria triste, con il muso lungo. Vi dicono: "Pensavo che tu fossi una persona spirituale; dovresti essere raggiante di beatitudine divina." Beh, all'inizio non funziona così. Nessuno prende la laurea senza aver prima fatto tutto il percorso scolastico, dall'asilo all'università. Sarebbe come vedere un bambino all'asilo e chiedergli: "Dov'è la tua laurea?" "Come faccio ad avere una laurea? Non ho neppure incominciato ad andare a scuola!"

Pertanto, come potete provare la beatitudine divina se non ci lavorate sopra? Una delle varie fasi è questa condizione pietosa, in cui lottate contro i contenuti più grossolani della vostra personalità, la vostra personalità passata e le personalità delle vostre vite precedenti. Ma una volta che si trascende tutto questo, la sporcizia sulla superficie dello stagno si dirada per un momento, e riuscite a vedere l'acqua limpida. Quando incominciate ad avere un bagliore della vostra vera natura, l'*Atman*, o incominciate a sentire la presenza di Dio e a provare della devozione, allora la vita spirituale diventa beatitudine. A quel punto, tutte queste norme e regole, divieti e proibizioni, diventeranno molto facili. Quando sarete penetrati in profondità, e stabili nel Sé o nella presenza di

Dio, allora tutto diventerà naturale. Dovete soltanto perseverare. Come dice Amma:

"Prima si fanno le prove, poi incomincia il vero spettacolo."

Le pratiche spirituali sono come le prove, e lo stato di beatitudine è lo spettacolo.

Vorrei leggervi alcuni passi che descrivono l'esperien-za di qualcuno che ha raggiunto la beatitudine, perché descrizioni di questo tipo sono molto rare. Nell'era moderna ci sono molte persone che scrivono delle loro esperienze. Qui si tratta di qualcuno, duemila anni fa, che secondo la tradizione si recò da un guru, prese rifugio in lui, si sottopose ad un training e poi sperimentò la beatitudine divina. Ecco la sua descrizione:

"Avendo compreso la verità suprema grazie all'au-torità delle Scritture, agli insegnamenti del guru e al proprio ragionamen-to, con i sensi soggiogati e la mente sotto controllo, il discepolo divenne immobile in un luogo solitario. Facendo dimorare per un certo tempo la sua mente in Brahman, la Realtà Suprema, si alzò e, nella sua grande gioia, disse quanto segue."

Egli rese stabile la mente, si recò in un luogo tranquillo, tutto solo, portò la mente alla completa immobilità e pensò agli insegnamenti che aveva studiato e a tutto ciò che gli aveva detto il guru. La sua mente divenne focalizzata e fece l'esperienza della beatitudine suprema. Ecco le sue parole:

"La magnificenza dell'oceano del Supremo Brahman, colmo del nettare della realizzazione del Sé, non può essere adeguata-mente espressa a parole, né pensata dalla mente. La mia mente, che ha raggiunto quello stato, un tale stato, ed è diventata una cosa sola con quell'oceano, è adesso appagata godendo della beatitudine. Dove è andato a finire questo universo? Da chi è stato rimosso? Prima lo vedevo, ma adesso non più. Che

meraviglia! Esiste soltanto l'oceano della beatitudine. Che cosa c'è da rifiutare, e che cosa c'è da accettare? Qual è la differenza? Che cosa c'è di distinto in questo grande oceano colmo del nettare della beatitudine infinita? Io non vedo niente. Non sento niente. Non so niente. Dimoro semplicemente nella forma del mio Atman e continuo a godere della beatitudine.

"Ripetuti omaggi a te, o guru. Essere sublime, libero da ogni attaccamento, il migliore tra tutti i conoscitori di Brahman, tu che sei la personificazione dell'eterna essenza della beatitudine, l'infinito, illimitato lago supremo della misericordia. Poiché mi hai concesso il tuo sguardo pieno di grazia, come i fitti raggi della fresca luna, tutte le mie sofferenze del samsara sono state rimosse, e io ho acquisito in un momento l'immortale stato del Sé, che è per natura Beatitudine Infinita. Sono benedetto. Ho raggiunto il mio traguardo. Sono stato liberato dalla morsa dell'oceano di nascita e morte. La mia natura è beatitudine permanente. Sono completo, per tua grazia.

"Io sono Brahman, che è senza eguali, verità senza inizio, al di là di ogni immaginazione, e per natura uniforme beatitudine eterna, la Verità Suprema. A causa del gioco dei venti di maya, le varie onde dell'universo si sollevano e si fondono in me, l'infinito oceano della beatitudine. Come il cielo, sono al di là di tutte le divisioni immaginarie. Come il sole, sono differente da ciò che viene illuminato. Come la salda montagna, sono permanente e inamovibile. Come l'oceano, non ho una sponda. Nel mio grande sogno nella foresta di nascita, vecchiaia e morte, cullato da maya, ero stremato da varie sofferenze che mi tormentavano in ogni momento. Sono stato seviziato dalla tigre dell'ego. Con la tua grazia infinita, mio guru, mi hai risvegliato dal sonno e mi hai salvato."

Om Namah Shivaya.

Glossario

Advaita Non-dualità. La filosofia che insegna che la Realtà Suprema è "Uno senza un secondo".

Ashram "Luogo d'impegno". Un luogo in cui aspiranti e ricercatori conducono una vita spirituale e compiono pratiche spirituali. È generalmente la residenza di un maestro spirituale, un santo o un asceta, che guida gli aspiranti.

Atman Il vero Sé. La natura essenziale del nostro vero essere. Secondo uno dei princìpi fondamentali dell'In-duismo, noi non siamo il corpo fisico, i sentimenti, la mente, l'intelletto o la personalità. Siamo il Sé, eterno, puro e indistruttibile.

Avadhuta Anima Realizzata che ha trasceso tutte le convenzioni sociali.

Avatar "discesa". Dio, che non ha nome né forma, scende sulla terra assumendo forma umana. L'obiettivo di un'incarnazione divina è di ristabilire e preservare il dharma e di elevare l'umanità, rendendola consapevole del Sé.

Bhagavad Gita "Canto del Signore". Bhagavad = del Signore; Gita = canto, particolarmente riferito a dei consigli. Gli insegnamenti che il Signore Krishna diede ad Arjuna sul campo di battaglia di Kurukshetra all'inizio della guerra del Mahabharata.

Bhajan Canto devozionale.

Bhakti Devozione e amore per Dio.

Brahmachari(ni) Un/a discepolo/a che osserva il celibato e compie pratiche spirituali generalmente sotto la guida di un maestro spirituale.

Brahmacharya "Dimorare in Brahman". Celibato e controllo della mente e dei sensi. Tradizionalmente prima fase della vita, dedicata allo studio sotto la guida di un guru.

Brahman La Realtà Assoluta, l'Essere Supremo; il Tutto; ciò che contiene e pervade ogni cosa; è Uno e indivisibile.

Darshan Un incontro con o la visione del Divino o di un santo.

Dharma In sanscrito il termine "dharma" significa "ciò che sostiene (il Creato)". Dharma ha molti significati: legge divina, legge dell'esistenza, giustizia, religione, dovere, responsabilità, virtù, bontà e verità. Adharma è l'opposto di dharma.

Guna La Natura Primordiale (prakriti) è formata da tre guna, ovvero qualità fondamentali, tendenze o attributi, che sono alla base di qualsiasi manifestazione: sattva (bontà, purezza, serenità), rajas (attività, passione) e tamas (oscurità, inerzia, ignoranza). Queste tre guna agiscono ed interagiscono continuamente l'una con l'altra. Il mondo fenomenico è composto da varie combinazioni delle tre guna.

Guru "Colui che rimuove le tenebre dell'ignoranza". Maestro, guida spirituale.

Japa Ripetizione di un mantra, di una preghiera o di uno dei nomi di Dio.

Jnana Conoscenza e saggezza spirituale. La conoscenza della vera natura del mondo e della Realtà che ne è la causa. È un'esperienza diretta, che trascende ogni possibile percezione della mente, dell'intelletto e dei sensi, che sono limitati per natura. Si raggiunge attraverso la pratica spirituale e la grazia di Dio o del guru.

Karma Azione, atto, lavoro. Legge di causa ed effetto, destino.

Mahatma Grande anima.

Mantra Formula sacra o preghiera che, idealmente, viene ripetuta continuamente. In questo modo risveglia i propri poteri spirituali latenti e aiuta a raggiungere la meta. È particolarmente efficace se ricevuto da un maestro spirituale attraverso un'iniziazione.

Maya "Illusione". Il Potere Divino o velo che nasconde la Realtà e dà l'impressione della molteplicità, creando così l'illusione della separazione. Nascondendo la Realtà, maya ci inganna, facendoci credere che la perfezione e la completezza siano da ricercarsi all'esterno.

Moksha, Mukti Liberazione.

Prarabdha "Responsabilità, fardelli". Il risultato delle azioni di questa vita e di quelle passate, che si manifesterà in questa vita.

Prasad Offerte consacrate e benedette.

Puja Rito religioso, cerimonia di adorazione.

Rishi Rsi = Conoscere. Saggi e veggenti realizzati.

Sadhak Aspirante spirituale.

Sadhana Pratica spirituale.

Sadhu Monaco itinerante, asceta.

Samadhi Unione con Dio; stato di profonda, assoluta concentrazione in cui si dimora nell'Atman, o Sé.

Sannyasi(ni) Monaco/a che ha preso voti formali di rinuncia (sannyasa). Tradizionalmente indossa un abito di color ocra, che rappresenta il fuoco che distrugge la coscienza corporea.

Satguru Un maestro spirituale che ha realizzato il Sé.

Satsang Sat = verità, essere; sanga = associazione con. La compagnia dei saggi; può significare anche discorso spirituale tenuto da un saggio o da un dotto.

Shakti "Potere". Shakti è un nome della Madre Universale, l'aspetto dinamico di Brahman.

Shiva "Di buon auspicio, benevolo, buono". Una forma dell'Essere Supremo; il Principio maschile; l'aspetto statico di Brahman. Inoltre, è anche l'aspetto della Trinità induista associato alla distruzione dell'universo, la distruzione di ciò che non è la realtà.

Tapas "Calore". Auto-disciplina, austerità, penitenza e sacrificio di sé; pratiche spirituali che 'bruciano' le impurità della mente.

Tapasvi Chi si dedica a tapas, o austerità spirituali.

Vasana Da vas = vivente, rimanente. Le vasana sono tendenze latenti o desideri sottili della mente che hanno la tendenza a manifestarsi sotto forma di azioni e abitudini. Le vasana risultano dalle impressioni delle esperienze (samskara) che esistono nel subconscio.

Vedanta "La fine dei Veda". La filosofia delle Upanishad, la parte conclusiva dei Veda, testi sacri dell'Induismo, che afferma che la Verità Ultima è "Uno senza secondo".

Yama e niyama Norme e divieti sul sentiero spirituale.

Yoga "Unire". Una serie di metodi attraverso i quali si può raggiungere l'unione con il Divino; un sentiero che conduce alla realizzazione del Sé.

www.ingramcontent.com/pod-product-compliance
Lightning Source LLC
LaVergne TN
LVHW051735080426
835511LV00018B/3069